BACKPACKER'S
ADVENTURE

CINTIA CAVALCANTI DA COSTA

BACKPACKER'S ADVENTURE

Inglês para quem quer se aventurar,
estudar e trabalhar no exterior

3ª reimpressão

© 2010 Cintia Cavalcanti da Costa

Preparação de texto: Adriana Moretto/Verba Editorial
Capa e projeto gráfico: Alberto Mateus
Diagramação: Crayon Editorial
Assistente de produção: Noelza Patricia Martins
Foto de capa: Rayman/Getty Images

Impressão e acabamento: Gráfica Vida e Consciência, em junho de 2015, sobre papel offset 90g/m²

Dados Internacionais de Catalogação na Publicação (CIP)
(Câmara Brasileira do Livro, SP, Brasil)

Costa, Cintia Cavalcanti da
  Backpacker's adventure : inglês para quem quer se aventurar, estudar e trabalhar no exterior / Cintia Cavalcanti da Costa. – Barueri, SP : DISAL, 2010.

  ISBN 978-85-7844-045-9

  1. Inglês – Vocabulários e manuais de conversação – Português 2. Português – Vocabulários e manuais de conversação – Inglês I. Título.

09-13414
CDD-428.2469
-469.8242

Índices para catálogo sistemático:
1. Guia de conversação inglês-português : Linguística 428.2469
2. Guia de conversação português-inglês : Linguística 469.8242

Todos os direitos reservados em nome de:
Bantim, Canato e Guazzelli Editora Ltda.

Alameda Mamoré 911 – cj. 107
Alphaville – BARUERI – SP
CEP: 06454-040
Tel. / Fax: (11) 4195-2811
Visite nosso site: www.disaleditora.com.br
Televendas: (11) 3226-3111

Fax gratuito: 0800 7707 105/106
E-mail para pedidos: comercialdisal@disal.com.br

Nenhuma parte desta publicação pode ser reproduzida, arquivada ou transmitidade nenhuma forma ou meio sem permissão expressa e por escrito da Editora.

Para meus pais
Pedro e Alice

Agradecimentos
aos aventureiros Marcella Berg
e Adriano Miranda de Souza
E a todos os mochileiros e
aventureiros de comunidades
da internet, que contribuíram
com suas dicas e experiências
no exterior para que este livro se
tornasse uma aventura real.

Sumário

Introdução 15

PART I Dialogs and Tips for every situation
Diálogos e Dicas para todas as situações 17

1 Before Travelling
Antes de viajar 18

What country? Para que país? 18
Get a Visa Adquira um visto 18
Tourist visa Visto de turista 19
Student visa Visto de estudante 19
Business visa /Work permit Visto de trabalho/negócios 21
Key words for an interview (consulate) Palavras chaves para
uma entrevista (consulado). 22

2 The adventurers' suggestions and advices
Sugestões e conselhos dos aventureiros 24

Currency Moeda 24
Check the features of the place Verifique as
características do lugar 25
What I should carry- Pack light O que levar na mochila –
Não se sobrecarregue 28
Clothing vocabulary Vocabulário de vestiário 29
Buy what is missing in your backpack Compre o que ficou
faltando na sua mochila. 29
Essential vocabulary about the adventure´s suggestions
Vocabulário essencial sobre as sugestões dos aventureiros 31

3 Where to???-B&B, Hostels and Booking
Vai para onde???- Pousadas, Albergues e Reservas . . 33

Backpacker's tips about Hostels Dicas dos mochileiros
sobre albergues 33

How to make and confirm reservations
Como fazer e confirmar reservas 35
Words you can´t forget when booking hostels/B&B
Palavras que você não pode esquecer ao fazer
reservas em albergues e pousadas 38

4 Immigration and customs
Imigração e Alfândega 40

Tourist visa Visto de turista 40
Student visa Visto de estudante 42
Business/work visa Visto de trabalho 43
Facing problems/putting your points across at the immigration
Enfrentando problemas/ explicando-se na imigração 43
Helpful words and expressions to talk with immigration officers
Palavras e expressões úteis para conversar com a imigração 45

5 Find Places and ask whereabouts
Encontre lugares e pergunte sobre paradeiros 47

Possible answers to your questions Possíveis respostas às
suas perguntas 49
Get information about the place where you are Pegue informações
sobre o lugar onde você está 51
Important words and expressions to ask your whereabouts
Palavras e expressões importantes para pedir informações 52

6 Means of transportation
Meios de transporte 54

If you are going to take bus/train/subway Se você precisar
tomar um ônibus/trem/metrô 54
If you need to take a taxi Se precisar pegar um táxi 56
Are you going to rent a car? Vai alugar um carro? 57
Different kinds of cars Tipos diferentes de carros: 57
When you are going to use a gas station service
Quando você utilizar os serviços de um posto de gasolina. 59

To understand a GPS/Navigator Para entender um GPS/Navegador 60

Understand directions Entenda caminhos/indicações 62

Hitchhike Pedir carona 63

Vocabulary to communicate when using means of transportation Vocabulário para se comunicar ao usar meios de transportes 65

7 Museums and attractions
Museus e atrações 67

Buy tickets Comprar entradas 67

Take a look at some museum and attraction websites and learn English Dê uma olhada nos sites de alguns museus e atrações e aprenda inglês 69

Main Museums Websites Sites dos principais museus 72

In the museum No museu 74

Essential vocabulary to visit museums, monuments and amusement parks Vocabulário essencial para visitar museus, monumentos e parques de diversões 76

8 Night, clubs & small talk
Curtir a noite, baladas e bate-papo 78

Ask where to go and people's opinion about a club Pergunte onde ir e a opinião das pessoas sobre a balada/clube . . . 78

What you might hear or comment O que você pode ouvir ou comentar 78

Ask about ideas to enjoy your night life Pergunte sobre ideias para curtir suas baladas 79

How to talk about a place, or understand what is said about it Como indicar um lugar ou entender o que foi dito sobre ele 80

Try to get to know people Tente conhecer pessoas 82

Learn these expressions and words to chat and enjoy your night Aprenda estas expressões e vocabulário para bater papo e curtir sua noite 86

9 Restaurant/Grocery/diner/bakery/market/Drugstore
Restaurante/Mercado/Lanchonete/Padaria/Supermercado/Drogaria 88

Where/which one? Onde? Qual? 88
Reservation in restaurants Reservas em restaurantes 89
Reservations online Reservas on-line 93
Restaurant Profile Perfil do restaurante 93
Place your order online Pedidos on-line 95
Important vocabulary to understand a menu - Don't starve
Vocabulário importante para entender um cardápio, não passe fome:. . 97
In case of any trouble, you can express yourself like this
Se houver algum problema no restaurante, saiba se expressar:. . . .104
At the market or drugstore No supermercado ou drogaria 106
Some supermarket and drugstore items you might need
Alguns itens de supermercado e drogaria que você poderá precisar . .107
    Personal care and medicine vocabulary Vocabulário de
    higiene pessoal e remédios 107
    Food vocabulary
    Vocabulário de comida 108
Essential vocabulary and Expressions to speak
in restaurants, markets and drugstores Vocabulário e
expressões essenciais para se comunicar em
restaurantes, supermercados e drogarias 109

10 Emergency/Hospital/ER
Emergência/Hospital/Pronto-socorro 112

Pain interjections Interjeições de dor 112
If you need to ask for help Se você precisar pedir socorro 112
Explain the emergency Explique qual a é a emergência. 113
If you need to talk to a doctor Se você precisar
conversar com um médico 115
Practical matters at the hospital Assuntos práticos no hospital . . . 117
Parts of the body vocabulary Vocabulário de partes do corpo. . . . 118
Vocabulary for an emergency Vocabulário para uma emergência . 119

PART II Information about countries, visas, culture and business

Informações sobre países, vistos, cultura e negócios 121

11 USA
Estados Unidos 122
Temporary Work Trabalho temporário 122
Student Visa (I-20) Visto de estudante 123
Work & Travel Trabalho& viagem 124
Talk about your visa and get documentation
Fale sobre seu visto e adquira documentação 124
Vocabulary about visas and documentation USA
Vocabulário sobre vistos e documentação EUA 126

12 The United Kingdom of Great Britain and Northern Ireland
O reino Unido da Grã-Bretanha e a Irlanda do Norte 127

England Inglaterra 127
How can I live some time in England?
Como morar algum tempo na Inglaterra? 128
Ireland Irlanda 129
Ireland's English O inglês da Irlanda 130
Check the exchange agencies Verifique as
agências de intercâmbio 130
Scotland Escócia 131
Scottish English O inglês escocês 132
Wale País de Gales 133
What language do they speak in wales?
Que língua falam no País de Gales? 134
UK Visa Types Tipos de vistos para o Reino Unido 134
Can I work in the United Kingdom?
Posso trabalhar no Reino Unido? 135
What type of part-time work can I do?
Que tipo de trabalho de meio período posso fazer? 136

How much will I be paid? Quanto me pagam? 136
How many hours can I work in the UK?
Quantas horas posso trabalhar no Reino Unido? 137
Will I have to pay tax? Vou ter que pagar imposto? 137
How to apply for a job Como se candidatar um trabalho 138
Get prepared for the job interview
Prepare-se para a entrevista de trabalho 141
Vocabulary to study & work in The United Kingdon
Vocabulário para estudar e trabalhar no Reino Unido 146

13 Canada
Canadá 148

Visitor or Student Visa? Qual visto devo tirar:
visitante ou estudante? 149
Get information and opinions about where to study and stay
Informações e opiniões sobre onde estudar e ficar 150
What is the best place to live and study in Canada?
Qual o melhor lugar para morar e estudar no Canadá? 151
Is it possible to change my tourist visa into a student visa,
or any other type of visa? É possível trocar meu visto de turista
por um visto de estudante ou outro tipo de visto? 156
What kind of jobs don't require a work permit in Canada?
Que tipos de trabalho não requisitam permissão no Canadá? . . . 154
Most frequently asked questions and the adventurer's answers
Perguntas mais frequentes e respostas dos aventureiros 154
Vocabulary about Canada Vocabulário sobre o Canadá. 155

14 Australia
Austrália 157

Study and work in Australia: Work and make
money as an Exchange student Estudar e trabalhar na Austrália:
trabalho remunerado no intercâmbio 157
Why do I have to take an intensive course in Australia
Por que o curso na Austrália tem de ser intensivo? 158
Get information about the courses – exchange student's
doubts Pegue informações sobre o curso - As dúvidas de quem
vai fazer um intercâmbio 159

Backpacker's and adventurer's tips over the internet for an exchange student As dicas dos mochileiros e aventureiros pela internet para quem quer fazer intercâmbio 161

Types of lodging for Exchange students Tipos de acomodações para quem quer fazer intercâmbio 165

How is the English spoken in Australia? Como é o inglês falado na Austrália? 169

Vocabulary about Australia Vocabulário sobre a Austrália 170

15 New Zeland
Nova Zelândia 171

Visas for New Zeland Vistos para Nova Zelândia 171

English spoken in New Zeland O inglês falado na Nova Zelândia. . . 172

Some māori words and expressions spoken in New Zeland Alguns termos māori falados na Nova Zelândia 173

Ask who has been to New Zeland Pergunte a quem já foi a Nova Zelândia 173

Vocabulary about New Zeland Vocabulário sobre a Nova Zelândia 177

16 South Africa
África do Sul 178

Visa to South Africa Visto para a África do Sul 178

What language do they speak in South Africa? Que língua falam na África do Sul? 179

The adventurers' tips Dicas dos aventureiros 179

Vocabulary about New Zeland Vocabulário sobre a África do Sul. 182

17 India
Índia 183

What languages do they speak in India? Que línguas falam na Índia? 183

Idioms and Popular Phrases in India Idiomas e frases populares na Índia 184

Visa to India Visto para a Índia 184

Customs in India Costumes da Índia 187
Relationships & Business Relacionamentos e Negócios 190
Vocabulary about India Vocabulário sobre a Índia 192

18 China
China 194

What language can I talk in China? Que língua
posso falar na China? 194
Visa to China Visto para a China 195
Social behaviour/business in China Comportamento
social/negócios com Chineses 196
Giving Gifts Dar Presentes 198
Meetings and Negotiations Reuniões e Negociações 199
Business strategies Estratégias de negócios 200
Vocabulary about China Vocabulário sobre a China 202

Apendices 203

Dicionário Inglês Norte-americano × Inglês Britânico 203
    Fique atento a algumas diferenças
    gramaticais importantes 209
Dicionário de termos e frases em inglês irlandês 214
    Algumas diferenças gramaticais do inglês Irlandês 220
Dicionário de inglês escocês (Scotticism) 224
    Algumas expressões do inglês escocês 229
    Diferenças gramaticais do inglês escocês 229
Dicionário de termos e expressões do inglês australiano . . . 232
Dicionário de Africaneirismos 238
Termos e expressões do inglês Indiano 242

Introdução

Backpacker's Adventure é mais do que um livro que ensina inglês, é uma viagem de aventura. Comunique-se em inglês, pergunte, esclareça, descubra. Você vai entender que a língua inglesa pode ser um instrumento muito útil, quer você vá para um país onde é a língua nativa, como os Estados Unidos, Inglaterra, Austrália, Canadá, quer viaje para países da Europa. Você vai perceber que pode se comunicar em inglês também na Índia, na África ou na China.

Backpacker's Adventure é seu instrumento de viagem bilíngue, português-inglês, para você se fazer entender e ser compreendido. Desenvolva suas habilidades, aprenda expressões e comunique-se em qualquer lugar do mundo.

Aqui você encontra as diferenças entre o inglês falado no mundo, incluindo expressões próprias de cada país e dicas culturais de países como a Índia e a China. Dessa forma, você pode aproveitar melhor sua viagem, seja ela de férias ou a negócios; vai saber como conseguir seu visto de entrada e aprender com depoimentos de pessoas que viajaram e curtiram muito.

Se você quer estudar e também trabalhar, aproveite para consultar sobre os países que permitem que você trabalhe com visto de estudante.

Encontre dicas de sites, já com traduções de expressões e palavras chaves e sugestões de diálogos que você poderá usar para fazer reservas em albergues e hotéis em todo o mundo, para que aproveitar ao máximo essa aventura. Coloque sua mochila nas costas e boa aventura! Se você sempre quis viajar, mas acha que seu inglês pode falhar quando precisar, este é o livro que você deve levar na bagagem!

PART I
Dialogs and Tips for every situation

PARTE I
Diálogos e Dicas para todas as situações

1   **Before Travelling**
Antes de viajar

What country?
Para que país?

Antes de tudo, defina para onde você quer ir, ou pelo menos tenha uma ideia de onde começar sua aventura. Você vai para a Europa? Oceania? América do Norte? África? Ásia? A partir daí você poderá definir quanto dinheiro precisará levar, providenciar os vistos necessários para entrar em cada país, poderá contatar os albergues e hotéis, aprender um pouco sobre o lugar e curtir muito mais suas viagens.

Lembre-se de que, se você é menor de idade, precisará de uma autorização de seus pais para viajar. Se você for viajar com apenas um deles, ainda assim precisará da autorização do que não estiver viajando com você.

Get a Visa
Adquira um visto

Entre em contato com o consulado do país ou dos países que pretende visitar. Defina quanto tempo pretende ficar em cada país e qual o propósito da sua viagem. Para adquirir visto em alguns países, como nos USA, você precisa agendar sua visita pela internet.

BACKPACKER'S ADVENTURE

Tourist visa
Visto de turista

INTERVIEWER **"What's the purpose of your visit?"**
ENTREVISTADOR: Qual o propósito de sua visita?
YOU **"Tourism./Visit the Grand Canyon./ The Yosemite Park."**
VOCÊ: Turismo. /Visitar o Grand Canyon./ O parque Yousemite.
INTERVIEWER **"How long are you staying?"**
ENTREVISTADOR Quanto tempo você vai ficar?
YOU **"Two week./Three days./A month."**
VOCÊ Duas semanas./Três dias./Um mês.

INTERVIEWER **"Are you traveling alone?"**
ENTREVISTADOR Vai viajar sozinho?
YOU **"Yes/No, I'm traveling in a group of four/ seven/ten."**
VOCÊ Vou/Não, vou viajar com um grupo de quatro/ sete/dez.

Student visa
Visto de estudante

INTERVIEWER **"Good morning/Good afternoon. Can I see your passport and form please?"**
ENTREVISTADOR Bom dia/Boa tarde. Posso ver seu passaporte e formulário, por favor?
YOU **"Here you are."**
VOCÊ Aqui está.

INTERVIEWER **"How long are you staying?"**
ENTREVISTADOR Quanto tempo vai ficar?

YOU "One/two years."

VOCÊ Um ano/dois anos.

INTERVIEWER "What's the purpose of your trip?"

ENTREVISTADOR Qual o propósito da sua viagem?

YOU "I'd like to study English."

VOCÊ Eu gostaria de estudar inglês.

INTERVIEWER "Where are you staying?"

ENTREVISTADOR Onde você vai ficar?

YOU "I'm staying in the school facilities/at my friend's house/at my exchange program family house in California /New York"

VOCÊ Vou ficar hospedado na escola/na casa de um amigo/na casa de uma família do intercâmbio na Califórnia/Nova Iorque.

INTERVIEWER "Do you have their address?"

VOCÊ Você tem o endereço deles?

YOU "Yes, here it is."

VOCÊ Sim, está aqui.

INTERVIEWER "Who will pay for your expenses?"

ENTREVISTADOR Quem vai pagar suas despesas?

YOU "I will/my family will."

VOCÊ Eu/minha família.

INTERVIEWER "How much money do you have?"

ENTREVISTADOR Quanto dinheiro você tem?

YOU "I have $ 6,000/$ 10,000,. sir."

VOCÊ Tenho $6.000/$ 10.000, senhor.

BACKPACKER'S ADVENTURE

INTERVIEWER "Do you have your bank balance or Income tax form with you?"
ENTREVISTADOR Você está com o extrato do banco ou declaração do imposto de renda?
YOU "Yes, here it is. "
VOCÊ Sim, está aqui.

Business visa /Work permit
Visto de trabalho/negócios

INTERVIEWER "What's the purpose of your trip?"
ENTREVISTADOR Qual o propósito da sua viagem?
YOU "My company needs me there/the company I work for has transferred me."
VOCÊ Minha empresa precisa de mim lá/Fui transferido pela empresa onde trabalho.

INTERVIEWER "Do you have a letter from your company?"
ENTREVISTADOR Você tem uma carta da sua empresa?
YOU "Yes, I do."
VOCÊ Tenho sim.

INTERVIEWER "Is your company paying for your expenses? /Who is paying for your ticket and expenses?"
ENTREVISTADOR A sua empresa vai pagar suas despesas?/ Quem vai pagar as passagens e suas despesas?
YOU "My company."
VOCÊ Minha empresa.

INTERVIEWER "How long are you staying?"
ENTREVISTADOR Quanto tempo vai ficar?
YOU "A month/a week/four days."
VOCÊ Um mês/uma semana/quatro dias.

INTERVIEWER "How much do you make?"

ENTREVISTADOR Quanto você ganha?

YOU "I make $ 60,000/$ 80,000 a year."

VOCÊ Ganho US 60.000/US 80.000 por ano

INTERVIEWER "Tell me about your company."

ENTREVISTADOR Fale-me sobre sua empresa.

YOU "It's a company with subsidiaries in São Paulo/ New York /Chicago."

VOCÊ É uma empresa com subsidiárias em São Paulo/ Nova Iorque/Chicago.

YOU "It has a workforce of eleven/twenty thousand employees."

VOCÊ Ela tem doze/ vinte mil empregados.

YOU "We work with software/it produces cars/it's a medical company."

VOCÊ Trabalhamos com software/ela produz carros/é uma empresa médica.

KEY WORDS FOR AN INTERVIEW (CONSULATE)
PALAVRAS CHAVES PARA UMA ENTREVISTA (CONSULADO)

Amigo	Friend
Ano	Year
Cancelado	Cancelled
Cópias	Copies
Dias	Days
Documentação	Documents/papers
Esperando	Waiting
Faltando	Missing
Família	Family
Fila	Line
Grupo	Group/team
Logo	Soon/as fast as possible
Estudar	Study
Mandar	Send
Pagar	Pay

BACKPACKER'S ADVENTURE

Passaporte	Passport
Pegar	Get/take
Preciso	I need
Problema	Problem/trouble
Quanto dinheiro	How much (money)
Quanto tempo	How long
Semana	Week
Sozinho	Alone/by myself
Visto	Visa
Turismo	Tourism
Trabalho	Work/business
Urgente	Urgent
Vai levar (tempo)	It will take
Viajar	To travel
Viagem	Trip

2 **The adventurers' suggestions and advices**
Sugestões e conselhos dos aventureiros

Visite comunidades de aventureiros e mochileiros, troque ideias e ainda, se precisar, ligue para os consulados e descubra tudo sobre os lugares que desejar visitar.

Currency
Moeda

Descubra qual a moeda utilizada pelo país que quer visitar. Fique atento, pois nem todos os países da Europa usam o euro, assim como nem e nem todos os países da América do Norte usam o dólar americano.

Uma curiosidade: muitos estrangeiros têm o hábito de chamar a moeda brasileira, o real, simplesmente de "Brazilian money/currency".

What's the currency there?
Qual a moeda daí?

What's the currency in Denmark/Africa/India?
Qual a moeda na Dinamarca/na África/na Índia?

Do you take Dollars/Euros?
Você aceita Dólares/Euros?

BACKPACKER'S ADVENTURE

How much is a Crown*/Yen* worth in comparison to Dollar?
Quanto está valendo a coroa/o yen em comparação com o Dólar?

What's the best place to exchange money?
Qual o melhor lugar para trocar moeda/dinheiro?

How much do you pay for a Dollar/Euro?
Quanto você paga pelo dólar/euro?
What's the Dollar/Euro rate today?
Qual a cotação do Dólar/euro?

How many Dollars/Euros can you change for me?
Quantos Dólares/euros você pode trocar para mim?

PS > Crown (coroa) é a moeda usada na Dinamarca.

>O Yen é a moeda usada no Japão.

Check the features of the place
Verifique as características do lugar

Sempre é uma boa ideia conhecer as características do lugar que você vai visitar. Por exemplo, este é um lugar de praias, montanhas, rochas? Ou é um lugar onde as características culturais são mais importantes? Existe vida noturna/night/baladas? O lugar é perigoso à noite? O que vou visitar e fazer lá? Qual a temperatura local? Quanto tempo pretendo passar em cada lugar? Desta forma você terá uma boa ideia do que levar em sua mochila

What's the temperature here/there at this time of the year?
Qual a temperatura aqui/aí nesta época do ano?

Does it get colder/warmer?
Fica mais frio/mais quente?

Do I need to take warm clothes?
Eu preciso levar roupas quentes?

Should I take a swimming suit/trunk/shorts?
Acha que devo levar biquíni/sunga/shorts?

What kind of shoes should I take?
Que tipos de sapatos você recomenda?

How long does it take to get there?
Quanto tempo leva para chegar lá?

How far is it?
Fica longe?

Does this place have country or city features?
Este lugar tem características de campo ou de cidade?

Is it a dangerous/risky place?
O lugar é perigoso/arriscado?

Are there robberies in this area?
Há assaltos nesta área?

Is it a mountain place?
Este lugar é montanhoso?

BACKPACKER'S ADVENTURE

Is the beach near the hotel/hostel?
A praia fica próxima do hotel/albergue?

What are the beaches like?
Como são as praias?

Are the beaches here good for surfers?
As praias aqui são boas para surfistas?

What are the people like? Do they like tourists?
Como são as pessoas? Elas gostam de turistas?

Is it allowed to drink if you are going to drive?
É permitido beber se for dirigir?

How much is it allowed to drink if you're going to drive?
Quanto posso beber/quanto é permitido beber antes de dirigir?

What's the best place to have fun around here/there?
Qual o melhor lugar para se divertir por aqui/aí?

What are the most visited/most popular tourist places in this city?
Quais os lugares turísticos mais visitados/mais populares nesta cidade?

Are there cheap hotels/hostels nearby?
Tem algum hotel/albergue barato por perto?

Is there any bed & breakfast/hostel where I can stay for a few days nearby?
Há alguma pousada/ albergue onde eu possa me hospedar por alguns dias por aqui?

Can you suggest any hotel/bed and breakfast in particular?
Pode sugerir algum hotel/pousada em particular?

Are there restaurants nearby/ within walking distance from this hotel/hostel?
Há restaurantes por perto/ que dê para ir andando deste hotel?

What I should carry- Pack light
O que levar na mochila—Não se sobrecarregue

Depois de pesquisar as características do lugar ou lugares que pretende visitar, você já terá uma boa ideia do que levar. Assim, um lugar mais frio ou com neve requer roupas pesadas, botas, luvas; enquanto que se você for visitar um lugar quente, com praias, você deverá levar roupas leves, sandálias.

Coisas que nunca se deve esquecer: leve calçados para caminhadas, como botas ou tênis. Também nunca se esqueça de levar lanternas, fósforos, algumas barras de cereais, bonés e uma mochila ou sacola mais leve, caso você tenha que caminhar por algumas horas.

Outra dica dos mochileiros: leve poucas roupas e sobrecarregue-se o menos possível. Opte por roupas coloridas que sujam menos; as claras sujam mais rapidamente. Quando precisar utilize lavanderias locais.

BACKPACKER'S ADVENTURE

Não se esqueça de levar um mapa local e também, este livro, para poder consultar e se explicar em qualquer situação.

CLOTHING VOCABULARY
VOCABULÁRIO DE VESTIÁRIO

Biquíni	Bikini
Blusa	Blouse- Top
Botas	Boots
Calça	Pants/trousers
Calcinha	Panty/Pants
Camisa	Shirt
Camiseta	T-shirt
Casaco	Coat
Cueca	Brief / slip
Gravata	Tie
Jaqueta	Jacket
Jeans	Jeans
Luvas	Gloves/mittens
Maiô	Swimming suit
Meias	Socks
Malha/blusa de lã	Sweater
Saia	Skirt
Sandálias	Sandals
Sapatos	Shoes
Shorts/bermuda	Shorts
Sunga	Trunk
Sutiã	Bra
Vestido	Dress

Como sempre podem faltar algumas coisas na sua mochila, aqui estão algumas sentenças para você poder "se virar" e comprar o que falta:

Buy what is missing in your backpack
Compre o que ficou faltando na sua mochila

Excuse me; do you carry flashlights here?
Com licença; vocês vendem lanternas aqui?

Do you know where I can find flashlights/matches?
Você sabe onde posso encontrar lanternas/fósforos?

Do you have ice cold water?
Vocês têm água gelada?

Is there a store where I can find warm clothes (at good price) around here?
Tem alguma loja onde eu possa comprar roupas de frio (com bons preços) por aqui?

Do you carry flip flops?
Vocês têm sandália tipo havaianas (de dedos)?

Have you got all numbers?
Você tem a numeração completa?

Do you have it/them in different colors?
Você tem em outras cores?

Can I try it on?
Posso experimentar?

This one fits me big/small.
Esta é grande/pequena para mim.

Do you sell track boots?
Vocês vendem botas para caminhadas?

Could you tell me where I can find women underwear?
Poderia me dizer onde eu encontro lingerie?

BACKPACKER'S ADVENTURE

Do you carry briefs and boxers?
Vocês têm cuecas?

Do they sell bikinis/trunks on the beach, or close by?
Eles vendem biquínis /sungas na praia ou nas redondezas?

Does this hotel offer beach towels?
Este hotel oferece toalhas de praia?

ESSENTIAL VOCABULARY ABOUT THE ADVENTURER'S SUGGESTIONS

VOCABULÁRIO ESSENCIAL DAS SUGESTÕES DOS AVENTUREIROS

Água gelada	Ice cold water
Albergue	Hostel
Arriscado	Risky
Assalto	Robbery
Barato	Cheap
Câmbio	Exchange
Camiseta	T-shirt
Campo	Country
Características	Features
Caro	Expensive
Chegar lá	Get there
Como é/são...?	What is/are...like?
Cotação	Rate
Cueca	Brief
Dinheiro	Money
Divertir-se	Have fun
Encontrar	Find
Experimentar (roupas/sapatos)	Try on
Frio	Cold
Fósforos	Matches
Grande	Big
Hospedar-se	To stay
Lanterna	Flashlight/torch
Loja	Store/shop
Melhor	The best
Mochila	Backpack

Moeda (de troca)	Currency
O mais	The most
País	Country
Perigoso	Dangerous
Permitido/ter permissão	Allowed
Por aqui	Around here/nearby
Possível ir a pé	Walking distance
Pousada	Bed & Breakfast (B&B)
Praia	Beach
Roupas	Clothes
Roupas de baixo	Underwear
Roupas de frio	Warm clothes
Qual a distância?	How far?
Quanto custa/quanto é?	How Much?
Quente	Hot
Surfista	Surfer
Temperatura	Temperature
Toalha	Towel
Troca	Exchange
Vender	Sell
Vocês têm?	Do you have/carry?
Você aceita...?	Do you take...?

3 Where to???-B&B, Hostels and Booking
Vai para onde???- Pousadas, Albergues e Reservas

Antes de viajar, programe-se, faça seu roteiro (Itinerary), investigue e pesquise sobre os lugares que pretende visitar, calcule quanto poderá gastar e quanto tempo poderá ficar em cada lugar. Faça reservas em albergues (Hostels) ou pousadas (B&B) de sua preferência.

Nos "Hostels", você poderá encontrar outros aventureiros, compartilhar experiências sobre os lugares, em contrapartida as "Bed & Breakfast" em geral, proporcionam maior privacidade e conforto.

Também verifique o tempo de locomoção entre uma cidade e outra, pois isso pode comprometer o seu roteiro.

Backpacker's tips about Hostels
Dicas dos mochileiros sobre albergues

Algumas das dicas de sites de albergues da juventude (youth hostels) dadas pelos aventureiros:

www.portuguese.hostelworld.com/myhostel.world
> este site pode ser pesquisado em português e tem opções de albergues em várias partes de mundo, inclusive na Europa, Ásia África, além da América do Norte!

www.hostelbookers.com
> este site tem albergues em 2500 destinos e promete não cobrar taxas de reserva (booking fees). Ele também dá dicas de eventos e viagens.

www.hihostels.com
> este site faz também uma conexão com o Facebook, para que você possa planejar sua estada e encontrar seus amigos

www.lonelyplanet.com
> este site dá dicas de ecoturismo também!
Em alguns casos, como o do hostelworld, você pode optar por se associar por um ano (membership), desta forma, você não precisa pagar taxas de reserva (reservation fees) durante este ano.

Ao entrar nos sites de albergues, você vai encontrar o seguinte:

Travel guides information & advice
Guias de viagem- informações e conselhos

Destination
Destino – Localize aqui o lugar que escolheu viajar

Hotel & Hostels
Hotéis e albergues
> Aqui você já pode fazer sua reserva. Coloque a data de sua chegada (check in date) e a data de sua última estada (check out date).
No of rooms
Número de quartos

BACKPACKER'S ADVENTURE

People in the room
Número de pessoas no quarto

Ao fazer a reserva, você receberá uma confirmação por e-mail contendo:

Itinerary ID/Reference No
Número do roteiro /referência.
> Você precisará deles se tiver de verificar ou cancelar suas reservas (my bookings/cancelling)

Há ainda a opção de contatar um hostel por e-mail:

You can e-mail us. We will deal with your query as quickly as possible, but please allow 3-5 working/ business days for a reply.
Você poderá nos enviar um e-mail. Nós responderemos o mais rapidamente possível, mas, por favor, pedimos de três a cinco dias úteis para responder.

Pode também fazer a reserva no próprio lugar ou por telefone, com a chance de conseguir preços melhores:

How to make and confirm reservations
Como fazer e confirmar reservas

YOU "I'd like to make a reservation for next week. Do you have rooms/beds available?"
VOCÊ Eu gostaria de fazer uma reserva para a semana que vem. Você tem vagas?
RECEPTIONIST "How many people?"
RECEPCIONISTA Para quantas pessoas?
YOU "Just myself"
VOCÊ Só para mim.

RECEPTIONIST "How long are you staying?"

RECEPCIONISTA Quanto tempo vai ficar?

YOU "For a week/four days"

VOCÊ Uma semana/quatro dias.

RECEPTIONIST "Do you mind sharing a room with four/six other people?"

RECEPCIONISTA: Você se importa de dividir o quarto com outras quatro/seis pessoas?

YOU "No, I don't mind."

VOCÊ Não, não me importo.

RECEPTIONIST "Then it's US10 a night"

RECEPCIONISTA: Então fica em US10 por noite.

YOU "Thank you. Can I pay when I get there?"

VOCÊ Obrigado. Posso pagar quando chegar aí?

RECEPTIONIST "Yes, that will be no problem."

RECEPCIONISTA Pode, não tem problema.

YOU "Do you have rooms/vacancy for two?"

VOCÊ Você tem quartos/vagas para dois?

RECEPTIONIST "Two men?"

RECEPCIONISTA Dois homens?

YOU "No, actually for a couple."

VOCÊ Não, na verdade para um casal.

RECEPTIONIST "I'm afraid I don't have a room only for you two."

RECEPCIONISTA Sinto muito, mas não tenho um quarto só para vocês dois.

YOU "Ok, thanks anyways."

VOCÊ: Está bem, obrigado da mesma maneira.

YOU "Do you still have vacancy?"

VOCÊ Você ainda tem vagas?

RECEPTIONIST "I'm afraid we are booked. Sorry about that."

RECEPCIONISTA Sinto muito, mas estamos lotados. Desculpe.

BACKPACKER'S ADVENTURE

YOU "Do you know any other hostel around here that might have a room available tonight?"

VOCÊ Você conhece algum outro albergue por aqui que possa ter um quarto disponível para esta noite?

RECEPTIONIST "Why don't you try the one on Main St? They might have."

RECEPCIONISTA Por que você não tenta o da Main St.? Pode ser que eles tenham.

YOU "Thank you!"

VOCÊ Obrigado!

YOU "I have a reservation in the name of Adriano Miranda."

VOCÊ Eu tenho uma reserva em nome de Adriano Miranda.

RECEPTIONIST "Ok, just a moment please. All right. You can have room number ten, all the way down the hall"

RECEPCIONISTA O.k., só um momento, por favor. Tudo bem. Você pode ficar com o quarto número dez, no final do corredor.

YOU "Thanks. I would like to know if breakfast is included."

VOCÊ Obrigado. Eu gostaria de saber se o café da manhã esta incluído.

RECEPTIONIST "Yes, breakfast is served from 6:30 to 10:30. Enjoy your stay!"

RECEPCIONISTA Está, O café da manhã é servido das 6:30 às 10:30. Tenha uma boa hospedagem!

YOU "Good! Thanks."

VOCÊ Ótimo! Obrigado.

YOU "I booked online two weeks ago."

VOCÊ Eu reservei pela internet duas semanas atrás.

RECEPTIONIST "Is it in your name? What's your name?"

RECEPCIONISTA Está no seu nome?/What's your name?

YOU "Yes, it's Berg."

VOCÊ Está, é Berg.

RECEPTIONIST "I can't find it. How do you spell your name?"

RECEPCIONISTA Não consigo encontrar. Como se escreve?

YOU "B E R G."

VOCÊ B E R G.

RECEPTIONIST "Is it Marcella Berg?"

RECEPCIONISTA Está no nome de Marcella Berg?

YOU "Yes, that's right."

VOCÊ Está.

RECEPTIONIST "Ok, you can stay in the girl's room down the hall."

RECEPCIONISTA O.k. Você pode ficar no quarto de meninas, no final do corredor.

YOU "Is breakfast included?"

VOCÊ O café da manhã está incluído?

RECEPTIONIST "No, it is not. There are nice bakeries and cafes around here though. "

RECEPCIONISTA Não, mas tem boas padarias e cafés por aqui.

YOU "Oh, that will be very nice. Thank you!"

VOCÊ Que bom. Obrigado!

WORDS YOU CAN'T FORGET WHEN BOOKING HOSTELS/B&B

PALAVRAS QUE VOCÊ NÃO PODE ESQUECER AO FAZER RESERVAS EM ALBERGUES E POUSADAS

Albergue (da juventude)	(Youth) Hostel
Café (lugar)	Coffee shop
Café da manhã	Breakfast
Cama	Bed
Cancelar/cancelamento	To cancel/cancelling
Chegar	Arrive/get there
Como se escreve?	How do you spell it?
Conselho/dica	Advice
Destino/itinerário	Destination/Itinerary
Dias	Days
Disponível	Available
Dividir/compartilhar	Share

BACKPACKER'S ADVENTURE

Em nome de quem está a reserva?	Who made de reservation?
Entrar (no albergue/na pousada etc.)	Check in
Está no seu nome?	Is it in your name?
Eu	Myself/me
Fazer reserva	Book/make a reservation
Final do corredor	Down the hall
Guias de viagem	Travel guides
Hospedagem	Stay
Incluído	Included
Lotado	Booked (out)
Padaria	Bakery
Pagar	Pay
Perguntas/dúvidas	Query/questions/doubts
Pernoite	A night
Por internet	Online
Pousada	Bread & Breakfast (B&B)
Por aqui/por perto	Around here
Quanto tempo?	How long?
Quantos?	How many?
Quarto	Room
Reserva	Reservation/booking
Restaurante	Restaurant/diner
Roteiro	Itinerary
Sair/deixar o albergue/a pousada etc.	Check out
Semanas	Weeks
Servir	Serve
Taxa	Fee
Tenha uma ótima estada	Enjoy your stay
Vaga	Vacancy

•

4 Immigration and customs
Imigração e Alfândega

Enfrentar a imigração nem sempre é fácil. Em geral, funcionários dos aeroportos são pessoas treinadas para detectar mentirinhas e contradições, então se prepare e pense no que vai dizer. Se você ainda não fala inglês fluentemente, é melhor dizer apenas o essencial, evitar inventar palavras que possam parecer com o português, mas que na verdade são falsos cognatos, isto é, têm um significado diferente do português.

Tourist visa
Visto de turista

OFFICER **"Good morning/afternoon/evening."**
POLICIAL Bom dia/boa tarde/boa noite.
YOU **"Good morning/afternoon/evening."**
VOCÊ Bom dia/boa tarde/boa noite.
OFFICER **"How long?"**
POLICIAL Quanto tempo?
YOU **"A week/two weeks."**
VOCÊ Uma/duas semanas.
OFFICER **"What brings you here?"**
POLICIAL O que o/a traz aqui?
YOU **"Tourism."**
VOCÊ Turismo.
OFFICER **"Enjoy your stay."**
POLICIAL Tenha uma boa estada.

BACKPACKER'S ADVENTURE

YOU "Thank you."

VOCÊ Obrigado.

OFFICER "Can I see your passport, please?"

POLICIAL Posso ver seu passaporte, por favor?

YOU "Sure. Here it is."

VOCÊ Sim, aqui está.

OFFICER "Put your left index in the glass, please."

POLICIAL Coloque o seu indicador esquerdo no vidro, por favor.

OFFICER "Thank you. Your right index now please."

POLICIAL Obrigado. Seu indicador direito agora, por favor.

OFFICER "Is it your first visit here?"

POLICIAL É a sua primeira visita aqui?

YOU "Yes it is/It's my second visit here."

VOCÊ É sim/é a minha segunda visita aqui.

OFFICER "What brings you here?

POLICIAL O que traz você aqui?

YOU "Tourism/I'm a surfer, and I'm coming for a competition."

VOCÊ Turismo/sou surfista e estou vindo para uma competição.

OFFICER "How long are you staying?

POLICIAL Quanto tempo vai ficar?

YOU "A week/three weeks."

VOCÊ Uma/três semanas.

OFFICER "Where are you staying?"

POLICIAL Onde vai ficar?

YOU "At _____ hostel/hotel/at a friend's house."

VOCÊ No albergue/hotel _____ /na casa de um amigo.

OFFICER "Can I see your reservation? /what's your friend address?"

POLICIAL Posso ver sua reserva?/qual o endereço do seu amigo?

YOU "Here it is."

VOCÊ Aqui está.

Student visa
Visto de estudante

Se você está entrando no país para estudar inglês, apenas entregue toda a documentação da escola e endereço de onde irá morar. Muitas vezes eles não perguntam nada. Se perguntarem, aqui estão alguns exemplos:

OFFICER "Can I see your passport, please?"

POLICIAL Posso ver seu passaporte, por favor?

OFFICER "Show me all documents and letters you have"

POLICIAL Mostre -me toda a documentação e cartas que tiver.

YOU "Here they are."

VOCÊ Aqui estão.

OFFICER "Thank you. Enjoy your stay.

POLICIAL Obrigado. Tenha uma boa estada.

OFFICER "Can I see your passport, please?"

POLICIAL Posso ver seu passaporte, por favor?

OFFICER "What school are you going to attend?"

POLICIAL Para qual escola você vai?

YOU "Yale University/Terrance County College."

VOCÊ: Yale University/Terrance County College.

OFFICER "Please show me all your letters and documents."

POLICIAL: Por favor, deixe-me ver todas as suas cartas e documentação.

YOU "Here you are, sir."

VOCÊ: Aqui estão, senhor.

OFFICER "Thanks you. Enjoy your stay"

POLICIAL: Obrigado. Tenha uma boa estada.

BACKPACKER'S ADVENTURE

Business/work visa
Visto de trabalho

OFFICER "Can I see your passport, please?"
POLICIAL Posso ver seu passaporte, por favor?
OFFICER "How long?"
POLICIAL Quanto tempo?
YOU "Three weeks/months/years."
VOCÊ Três semanas/dois meses/anos.
OFFICER "Do you have a letter from your company?"
POLICIAL Você tem alguma carta de sua empresa?
YOU "Yes. Just a moment. Here it is"
VOCÊ Tenho. Só um momento. Aqui está.
OFFICER "Thank you. Where are you staying?"
POLICIAL Obrigado, Onde ficará hospedado?
YOU "At hotel"
VOCÊ No hotel.

Facing problems/putting your points across at the immigration
Enfrentando problemas/ explicando-se na imigração

I was sure this was the right visa.
Eu tinha certeza de que esse visto servia.

I'm a backpacker and won't be staying long here.
Sou mochileiro e não vou ficar muito tempo aqui.

I'd like to stay a little longer, so I can enjoy my trip better.
Eu gostaria de ficar um pouco mais, para aproveitar melhor minha viagem.

I'm going to Europe/Spain/Italy/another country after I leave here.
Eu vou para a Europa/Espanha/Itália/outro país, depois de sair daqui.

My plan is to travel a number of countries in four weeks/two months.
Meu plano é viajar para vários países em quatro semanas/dois meses

I'm meeting my friends in this trip.
Vou encontrar meus amigos nesta viagem.

My parents will send me more money if I need.
Meus pais me mandam dinheiro se eu precisar.

I'm staying at this hotel for just a few days. After that, I'm moving to my friends' place.
Vou ficar neste hotel apenas alguns dias. Depois eu vou morar com meus amigos.

I can't remember the address I'm staying right now, but I can call them and find out.
Não consigo lembrar o endereço no momento, mas posso ligar e descobrir.

I'm just going to work at this place for three months. It's an exchange.
Só vou trabalhar neste lugar três meses, é um intercâmbio.

I don't know what it means.
Não sei o que isso quer dizer.

BACKPACKER'S ADVENTURE

I'm sorry, I can't understand you.
Desculpe, mas não estou entendendo.

I think there was a misunderstanding here.
Acho que houve um mal entendido.

I didn't mean that.
Não foi isso o que eu quis dizer.

Please, let me call my parents/my friends. I'm sure we can work it out.
Por favor, deixe-me ligar para meus pais/amigos.
Tenho certeza de que podemos resolver isto.

Are you sure there isn't a way to work this out?
Tem certeza de que não tem uma forma de
resolver isto?

I really would like to stay/study here.
Eu realmente gostaria de ficar/estudar aqui.

I would like to contact the Brazilian consulate here.
Eu gostaria de entrar em contacto com o consulado
brasileiro aqui.

HELPFUL WORDS AND EXPRESSIONS TO TALK WITH IMMIGRATION OFFICERS

PALAVRAS E EXPRESSÕES ÚTEIS PARA CONVERSAR COM A IMIGRAÇÃO

Albergue	**Hostel**
Aluno/estudante	**Student**
Amigos	**Friends**
Carta	**Letter**
Consulado	**Consulate**

Contatar/entrar em contato	Contact
Dedos da mão	Fingers
Dedo indicador	Index
Descobrir	Find out
Desculpe	I'm sorry
Dia	Day
Direito	Right
Documentos	Documents
Encontrar	Meet
Endereço	Address
Esquerdo	Left
Estudar	Study
Eu acho	I think
Eu gostaria	I'd like
Eu vou/estou indo para	I'm going to
Ficar	Stay
Frequentar	Attend
Mal-entendido	Misunderstanding
Mais tempo	Longer
Mês	Month
Mochileiro	Backpacker
Não quis dizer isso	I didn't mean that
Não sei	I don't know
Pais	Parents
País	Country
Passaporte	Passaport
Por favor	Please
Precisar	Need
Primeira (vez)	First (time)
Quanto tempo?	How long?
Resolver	Work (it) out
Segunda (vez)	Second (time)
Semana	Week
Significa	Mean/means
Tenho certeza	I'm sure
Turista/turismo	Tourist/tourism
Viagem	Trip
Viajar	To travel
Visita	Visit
Visto	Visa
Uma forma/maneira	A way

5 **Find Places and ask whereabouts**
Encontre lugares e pergunte sobre paradeiros

Dica dos mochileiros: tente encontrar um ponto de informação para turistas. Leve antes, ou peça no serviço de informações, um mapa. Ele facilita aos moradores do local explicarem mais facilmente os trajetos. Tenha sempre em mãos também mapas de percursos de ônibus, metrôs e trens, assim você nunca ficará totalmente perdido.

Excuse me, do you know what road this is?
Com licença, você sabe que estrada é esta?

Could you tell me where I am?
Poderia me dizer onde estou?

Is this route 44/freeway 170?
Esta é a rodovia 44/Avenida 170?

Is there any other road that leads there?
Há alguma outra rodovia que chega lá?

Is it/this hotel far?
O hotel/(algum lugar) é longe?

How long does it take to get there?
Quanto tempo leva para chegar lá?

Excuse me. I really lost my way. Could you show me in the map where I am?
Com licença. Estou completamente perdido. Poderia me mostrar no mapa onde estou?

How many miles/kilometers/blocks away?
Quantas milhas/quantos quilômetros/quarteirões de distância?

Is it possible to get there before sunset/it's dark?
É possível chegar lá antes do anoitecer?

Could you tell me if there are places where I can have a meal around here?
Poderia me dizer se há lugares onde eu possa comer por aqui?

Excuse me. Do you know a cheap place where I can eat around here?
Com licença. Você conhece algum lugar barato para comer por aqui?

Is there an ATM machine near here?
Há algum caixa automático por aqui?

Is there any pharmacy/drugstore nearby?
Há alguma farmácia aqui por perto?

Is there a hospital in this town?
Há algum hospital nesta cidade?

BACKPACKER'S ADVENTURE

Is it within walking distance?
É possível ir andando?

Should I take a bus/get a car?
Acha que devo pegar um ônibus/carro?

Is the metropolitam museum/the St Peter church/ theTaj Mahal here?
O museu Metropolitano /a igreja de St Peter/Taj Mahal é aqui?

Is it south/north/east/west?
É ao sul/norte/leste/oeste?

Where are the best places to enjoy the night?
Onde estão os melhores lugares para curtir a noite?

Where is there a cool place to dance?
Onde tem um lugar legal para dançar?

Where do young people/teenagers meet at night?
Onde os jovens/adolescentes se encontram à noite?

What's a good place to meet girls/guys?
Onde é um bom lugar para encontrar meninas/garotos?

Possible answers to your questions
Possíveis respostas às suas perguntas

It's not far. About 20 min/30 min walk.
Não é longe. Uns 20/30 minutos de caminhada.

It's just a few blocks away.
É só alguns quarteirões daqui.

I think you should take a bus/get a taxi.
Acho que é melhor você pegar um ônibus/taxi.

It's just down the road.
É só pegar esta estrada.

Take the next road south/north and then exit on ____
Pegue a próxima rodovia em direção ao sul/norte e saia na ____

I'm afraid there isn't any around here. Maybe in the next town.
Acho que não tem nenhum(a) por aqui. Talvez na próxima cidade.

Yes, there are many in the downtown area. Do you have a map on you?
Tem sim, tem muitos(as) no centro. Você tem um mapa com você?

There aren't any drugstores; you might find some things to help you in the local market, though.
Não tem nenhuma farmácia, mas talvez você encontre algo que possa te ajudar no mercadinho local.

The closest hospital is 10/50 miles/kilometers away. Take the road on your left and you'll see the signs.
O hospital mais próximo fica a 10/50 milhas/quilômetros. Pegue a estrada a sua esquerda que você já vai ver as placas.

BACKPACKER'S ADVENTURE

I don't know. Are you sure you are in the right place?
Eu não sei. Tem certeza de que está no lugar correto?

I don't know the road. Let me ask my friend.
Não conheço a estrada. Deixe-me perguntar para o meu amigo.

I'm not from here myself. I'm sorry.
Também não sou daqui. Sinto muito.

Get information about the place where you are
Pegue informações sobre o lugar onde você está

Is it dangerous here at night?
É perigoso aqui à noite?

Is this a risky road?
Esta rodovia é arriscada?

Is there any risk of avalanche?
Há risco de avalanche?

Are there floods at this time of the year?
Há enchentes nesta época do ano?

Does it get too cold/hot up there?
Fica frio/quente lá em cima?

Are there storms in this area?
Há tempestades nesta área?

Has the volcano erupted latey?
Este vulcão entrou em erupção recentemente?

Have there been any accidents in this area recently?
Tem havido algum acidente nesta área recentemente?

Are there robberies in this area?
Há assaltos nesta área?

Are there gangs here?
Existem gangues aqui?

Should I take a guide along?
Acha que devo levar um guia comigo?

Is it easy to get lost there?
É fácil se perder por lá?

Should we take food and water?
Acha que devemos levar comida e água?

Is there any drinking water here/there?
Ha água potável aqui/lá?

IMPORTANT WORDS AND EXPRESSIONS TO ASK YOUR WHEREABOUTS

PALAVRAS E EXPRESSÕES IMPORTANTES PARA PEDIR INFORMAÇÕES

Água/água potável	Water/drinking water
Anoitecer	Dark/sunset
Assalto	Robbery
Avalanche	Avalanche
Avenida	Freeway/avenue
Caixa eletrônico	ATM
Caminhada	Walk
Carro	Car
Centro (da cidade)	Downtown
Chegar lá	Get there

BACKPACKER'S ADVENTURE

Cidade	Town/city
Comer	Eat
Comida	Food
Direita	Right
Enchente	Flood
Encontrar (pessoas)	Meet
Esquerda	Left
Estrada/rodovia	Road/route
Farmácia	Pharmacy/Drugstore/ Chemisty
Frio	Cold
Guia (de turismo)	Guide
Há/tem....?	Is/are there...?
Hospital	Hospital
Ir a pé (possível ir a pé)	Within walking distance
Legal	Cool
Leste	East
Longe	Far
Lugar	Place
Mapa	Map
Mercado	Market
Mochileiro	Backpacker
Norte	North
Oeste	West
Ônibus	Bus
Paradeiro	Whereabout
Perigoso/arriscado	Dangerous/risky
Perdido	Lost
Quarteirão	Block
Quantas(os) (milhas/ quilômetros)	How many (miles/ kilometers)
Quanto tempo?	How long?
Quente	Hot
Refeição	Meal
Se perder	Get lost/lose your way
Sul	South

6 **Means of transportation**
Meios de transporte

If you are going to take bus/train/subway
Se você precisar tomar um ônibus/trem/metrô

Dicas dos mochileiros: se você quer aproveitar e conhecer outras cidades no Reino Unido, utilize o site: http://www.megabus.com/uk/. Lá tem passagens de Londres para várias cidades da Inglaterra por preços muito baixos.

EuroStar – London/Paris under the Channel in 3 hours. Also known as The Chunnel, connects London and Paris via a tunnel under the English Channel. It's fast, convenient and superb! Buy your tickets online and have them delivered to your home, or hotel room.
EuroStar (trem) – Londres/Paris por debaixo do canal em três horas. Também conhecido como "the chunnel", liga Londres a Paris através do Canal Inglês (English channel). Ele é rápido, conveniente e incrível! Você pode comprar passagens on-line e eles entregam na sua casa ou no quarto de hotel.

Airport Shuttle — Paris has two main airports, and there are numerous options to get to and from them, including the Airport Shuttle, one of the best deals around on either side of the Atlantic.

BACKPACKER'S ADVENTURE

Airport Shuttle (transporte que vai diretamente de um lugar ao outro, expresso) – Paris tem dois aeroportos importantes, e há várias opções para ir e voltar, incluindo o "Airport Shuttle", que é uma das melhores opções por ali.

Excuse me. Is there a bus stop near here?
Com licença. Tem algum ponto de ônibus aqui por perto?

Does this bus go to/stop at _____ ?
Este ônibus passa no(a) _____ ?

Is there a bus that runs on _____ ave?
Tem algum ônibus que passa na avenida _____ ?

Please, do you have a timetable/bus schedule for the Airport Shuttle?
Por favor, você tem a tabela de horário para o Expresso até o aeroporto?

Is there any share ride in this airport?
Há algum táxi coletivo neste aeroporto?

Where does this bus/train go to?
Para onde este ônibus/trem vai?

What time is the next train/bus to _____ ?
A que horas é o próximo trem/ônibus para _____ ?

Could you tell me where the closest subway/metro station is?
Poderia me dizer onde fica a estação de metrô mais próxima?

55

Which color is this metro line?
Que cor é esta linha de metrô?

Is it possible to reach this area by metro/bus/train?
É possível ir até esta área de metrô/ônibus/trem?

What platform does it leave from?
De que plataforma ele parte?

How much is the ticket/fare?
Quanto é a passagem?

Is it possible to get a transfer?
É possível pegar um ticket de transferência?

Could you tell me when we get to the Taj Mahal/ Gugenhein Museum?
Poderia me avisar quando chegarmos ao Taj Mahal/ Museu Gugenhein?

What time do the buses/trains stop running?
A que horas os ônibus/trens param de circular?

Are the buses/subways on a strike?
Os ônibus/metrôs estão em greve?

If you need to take a taxi
Se precisar pegar um táxi

Is this taxi free?
Este táxi está livre?

BACKPACKER'S ADVENTURE

Do you know where the Metropolitan Museum is/ the theaters are?
Você sabe onde fica o Museu Metropolitano/onde ficam os teatros?

What is the fastest way to _____ at this time?
Qual o caminho mais rápido para _____ a esta hora?

Is there an extra charge for luggage/fuel?
Há uma cobrança extra pela bagagem/combustível?

How much is it to _____ ?
Quanto custa para _____ ?

Excuse me, sir. According to my map, we are in the wrong way.
Desculpe. De acordo com o mapa, nós estamos no caminho errado.

Do you know how to get there?
Você sabe chegar lá?

Do you offer a discount to the airport?
Você oferece desconto para ir até o aeroporto?

Are you going to rent a car?
Vai alugar um carro?

DIFFERENT KINDS OF CARS
TIPOS DIFERENTES DE CARROS:

Trucks = pick-ups
SUV = sport utility vehicle
SW = sport wagon (perua)

Hatch = hatch

Sedan = sedan

Muscle cars = carros potentes

4matic = tração nas quatro rodas

All wheels = tração nas quatro rodas

Rear wheels = tração traseira

Front wheels = tração dianteira

I'd like to make a reservation for a SUV/minibus/ sports car
Gostaria de fazer reserva para um utilitário esporte/ micro-ônibus/carro esporte?

Do all cars have automatic transmission?
Todos os carros são automáticos?

How much is it to rent a GPS/Navigator?
Quanto é o aluguel do GPS/Navegador?

How much is it per day?
Quanto é a diária?

Is the tank full?
O tanque está cheio?

Are insurance and liabilities included?
O seguro e despesas incorridas em caso de acidente estão incluídos?

Would you have a smaller/bigger car available?
Você teria um carro menor/maior disponível?

The tank was not full when I rented it.
O tanque não estava cheio quando eu aluguei.

BACKPACKER'S ADVENTURE

This dent/scratch was already there when I got the car.
Este amassadinho/arranhão já estava aí quando peguei o carro.

When you are going to use a gas station service.

Quando você utilizar os serviços de um posto de gasolina.

Muitos dos postos de gasolina no exterior, hoje em dia, já não utilizam empregados, ou seja, você mesmo tem que colocar sua própria gasolina, calibrar os pneus etc. Os pagamentos são feitos na própria bomba de gasolina através de cartões de crédito ou, em alguns casos, no escritório do posto.

Could you tell me where the closest gas station is?
Poderia me dizer onde é o posto de gasolina mais próximo?

Could I calibrate the tires here?
Posso calibrar os pneus aqui?

I'd like to fill up the tank, please
Eu gostaria de completar o tanque, por favor.

Is this a 24(twenty-four)-hour gas/petrol station?
Este posto de gasolina é 24 horas?

I've got a flat tire. Can anybody help me out?
Estou com um pneu furado. Alguém pode me ajudar?

Is there a convenience store in the gas station?
Há uma loja de conveniência no posto de gasolina?

To understand a GPS/Navigator
Para entender um GPS/Navegador

O GPS (Global Positioning System), ou Navegador, é um aparelho que indica caminhos, rotas, mapas, desde a partida até o lugar exato onde você deseja ir. O navegador tem poucas diferenças do GPS, a maioria apenas no modo de explicar o caminho. Tanto um como o outro podem ser usados em diferentes línguas, inclusive em português. O que ocorre, entretanto, é que essa tradução é literal, o que torna confuso entender. Então aqui vão algumas dicas para entender melhor em inglês:

Do you want to enter a destination?
Você quer indicar um destino?

Do you want to enter street first or city first?
Você quer colocar primeiro o nome da rua ou da cidade?

Do you want to enter a street number?
Você quer colocar o número do lugar?

Do you want to enter street first or city first?
Você quer indicar primeiro a rua ou a cidade?

Follow highlighted route.
Siga a rota indicada.

Take ramp ahead.
Pegue a saída à sua frente.

Take exit on the right onto TX 121.
Pegue a saída à direita e entre na TX121.

Keep right/left.
Mantenha-se à direita/esquerda.

Take right/left
Pegue à direita/esquerda.

Take slight right/left.
Pegue a primeira entrada à direita/esquerda.

Recalculating
Recalculando o caminho (você pegou alguma rua errada).

Turn right/left in point eight miles
Vire à direita /esquerda em zero ponto oito milhas.

Prepare to take right/left
Prepare-se/comece a pegar à direita/esquerda.

Make a U-Turn
Faça um retorno.

You will reach your destination in point three miles
Você chegará ao seu destino em zero ponto
três milhas.

You have reached your destination.
Você chegou ao seu destino.

Understand directions
Entenda caminhos/indicações

Eg: (The cloisters Museum NY)
By Subway/Bus:
Take M4 bus directly to the last stop (Fort Tryon Park–The Cloisters)
Take A train to 190th Street, exit station, and walk north along Margaret Corbin Drive for approximately ten minutes. To avoid walking, transfer to the M4 bus at 190th St. and ride one stop north.
Ex: (O museu Cloisters NY)
De metrô ou ônibus
Pegue o ônibus M4 direto até o ponto final (Fort Tryon Park-The Cloisters)
Pegue um metrô até a estação na 190 street e ande em direção ao norte na Margaret Carbin Drive por aproximadamente dez minutos. Se não quiser andar, pegue o ônibus M4 na rua 190 e ande até o próximo ponto ao norte.

By Car:
Take Joe DiMaggio Highway/Henry Hudson Parkway northbound to first exit after George Washington Bridge (Fort Tryon Park–The Cloisters). This exit is accessible only from northbound lane. If coming from the north, take Henry Hudson Parkway southbound to exit 14–15, make a U-turn, and travel north one mile to exit marked Fort Tryon Park–The Cloisters.
De carro:
Pegue a Highway Joe DiMaggio/ Parkway Henry Hudson em direção ao norte até a primeira saída depois da ponte George Washington (Fort Tryon =

The Cloisters). Esta saída é acessada apenas se você estiver na pista norte. Vindo em direção norte, pegue a Parkway Henry Hudson em direção ao sul e saia na 14-15, faça um retorno, dirija uma milha em direção ao norte e pegue a saída marcada com o nome Fort Tryon Park - The Cloisters

26 January – 22 February (The British Museum-London)
Great Russell Street will be closed to traffic. There will be limited access to the Main entrance and there will be no disabled parking in the forecourt,
Ex: 26 de Janeiro a 22 de Fevereiro (O British Museum Londres)
Great Russel street estará fechada ao trânsito. Haverá acesso limitado à entrada principal e não haverá estacionamento para deficientes no estacionamento principal

23 February – 22 March (The British Museum)
The junction between Montague Street and Great Russell Street will be closed to traffic. The Main entrance can accessed from the west.
23 de Fevereiro a 22 de Marco (The British Museum)
O cruzamento entre a Montague street e a Great Russel street será fechado para o trânsito. Entrada principal poderá ser acessada pelo oeste.

Hitchhike
Pedir carona

Is that a hitchhiking area?
Esta é uma área de carona?

Excuse me; where are you heading to?
Com licença, para onde o senhor está indo?

I was wondering if you could give me and my friends a ride to town.
Gostaria de saber se você poderia dar uma carona até o centro para mim e meus amigos.

Are you going southwards? Can you give me a ride?
Você está indo em direção ao sul? Pode me dar uma carona?

Is there room for one more in your truck/car?
Tem lugar para mais um em seu caminhão/carro?

Do you mind giving me a ride?
Importa-se em me dar uma carona?

Can you drop me here?
Pode me deixar aqui?

Could you pull over right after the turn?
Poderia parar no acostamento logo depois da curva?

Thank you for helping me out
Obrigado por me ajudar.

Thanks a lot!
Muito obrigado!

BACKPACKER'S ADVENTURE

VOCABULARY TO COMMUNICATE WHEN USING MEANS OF TRANSPORTATION

VOCABULÁRIO PARA SE COMUNICAR AO USAR MEIOS DE TRANSPORTES

À frente/adiante	Ahead
Aeroporto	Airport
Acostamento	Shoulder
Alugar	Rent
Amassadinho (no carro)	Dent
Arranhar/arranhão	Scratch
Avião/aeronave	Plane/airplane/aircraft
Barco	Boat
Calibrar	Calibrate
Caminho	Way
Carona	Ride/lift
Carro	Car
Carro esporte	Sports car
Chegar	Get to
Cobrar	Charge
Combustível	Fuel
Cruzamento	Junction
Dar carona	Give a ride
Descer/ficar aqui	Get off/out here
Desocupado/livre	Free
Destino/chegada	Destination
Encher (o tanque)	Fill up (the tank)
Espaço	Room
Estação (trem/metrô)	(train/subway) station
Expresso (transporte coletivo)	Shuttle
Gasolina	Gas/gasoline/petrol
Greve	Strike
Indo (para algum lugar)	Heading to/going to
Ir até	Reach/go to
Ir para o acostamento	Pull over
Mais próximo	The closest
Mantenha-se	Keep
Mapa	Map
Meios de transporte	Means of transportation
Metrô	Metro/subway/underground
Navegador/GPS	Navigator/GPS
Navio	Ship
O mais rápido	The fastest
Onde	Where
Ônibus	Bus
Parar de circular	Stop running

65

Passagem	Ticket/fare
Passar (ônibus)	Goes by/runs
Pedir carona	Hitchhike
Pegar carona	Get a ride
Pegue (direita/esquerda)	Take/turn
Perto daqui	Near here
Perua (carro)	SW
Pick-up	Truck
Plataforma	Platform
Pneu	Tire
Pneu furado	Flat tire
Ponto de ônibus	Bus stop
Preciso	I need
Quanto é?	How much is it?
Que horas	What time
Retorno	U-turn
Rua	Street
Saída	Ramp/exit
Seguro	Insurance
Tanque	Tank
Táxi	Taxi
Táxi coletivo	Share ride
Trânsito	Traffic
Tomar (táxi/trem/ônibus)	Take (the táxi/train/bus)
Trem	Train

7 **Museums and attractions**
Museus e atrações

Se você quiser curtir um lugar com programas mais culturais como museus ou teatros, mas também curte uma paquera, uma azaração nos clubes da cidade, aqui vão algumas dicas para se dar bem tanto de dia quanto à noite:

Buy tickets
Comprar entradas

Outra dica dos aventureiros e mochileiros com pouco dinheiro no bolso: museus como o Metropolitam Museum e Cloisters Museum (NY) não têm preço fixo para entrar, e sim um preço sugestivo. Se você não pode pagar o preço sugerido, ofereça o que você pode pagar pelo ingresso e faça maravilhosas visitas a museus como este, onde se tem muito a aprender.

"Adult $ 20"
Adulto 20 Dólares
"$15 Seniors age 65+"
15 Dólares para idosos com mais de 65 anos
"Students: $10. Unless if your school is listed in free list, it's free."
Dez Dólares para estudantes. A menos que sua escola esteja na lista, aí é de graça.

"Membership: FREE."
Se estiver associado é de graça.

YOU **"Where can I find the top ten paintings of the museum?"**
VOCÊ Onde eu encontro os principais dez quadros do museu?

MUSEUM **"That info is on their website, but you can see a map of the museum so you can plan out your visit, as the museum is huge!"**
MUSEU Esta informação está no website, mas você pode dar uma olhada num mapa do museu, assim você poderá planejar sua visita, já que o museu é enorme!

YOU **"I'd like two adult tickets and one child. How much is that?"**
VOCÊ Eu quero duas entradas para adultos e uma para criança. Quanto é?
MUSEUM **"Two adults and one child, here it is. It's $ 50"**
MUSEU Dois adultos e uma criança, aqui está. São 50 Dólares.

YOU **"Do you take credit card?"**
VOCÊ Vocês aceitam cartão de crédito?
Museum "Sure. Please slide your card in the machine and sign it."
MUSEU Claro. Por favor, passe o cartão na máquina e assine.
YOU **"Should I slide it myself?"**
VOCÊ Eu mesmo passo o cartão?
MUSEUM **"Yes, please."**
MUSEU Sim, por favor.

BACKPACKER'S ADVENTURE

YOU "I can't afford the $20, so I will contribute with $10 today"
VOCÊ Eu não tenho os 20 Dólares, então vou contribuir com 10 Dólares hoje.
MUSEUM "That's all right. Here you are."
MUSEU Tudo bem, Aqui está.

YOU "Thank you."
VOCÊ Obrigado.

Take a look at some museum and attraction websites and learn English

Dê uma olhada nos sites de alguns museus e atrações e aprenda inglês

Eg: Information desk
Ex: Balcão de informações
– For general information about the Museum
– Informações gerais sobre o museu
Collections enquiries
Dúvidas sobre o acervo

– For questions about the Museum collection
– Para perguntas sobre o acervo do museu
Ticket Desk
Compra de ingressos
For exhibition and event
Por amostra ou evento

Ticket reservation
Reserva de ingressos

Access Information
Como chegar

See also
Veja também

What's on
O que está acontecendo agora/o que está tendo
All current exhibitions
Todas as amostras do momento
Events calendar
Calendário de eventos

Explore
Explore
Galleries
Gallerias
The museum
O museu

About us
Sobre nós
Membership
Associe-se

Paris Museum Pass – Go to the front of the line every time! Unlimited visits! Valid at 60 Museums and Monuments. There are 2 (two) and 4 (four) day passes. Buy them online and have them delivered to you at home before you arrive in Paris, or to your hotel in the City.
Paris Cabarets – Tickets for Crazy Horse Paris, Le Moulin Rouge, Le Lido, Bobin 'O – You choose. Voucher issued directly online, no tickets needed.
Passe para os museus de Paris - Vá direto para o início da fila todas as vezes! Visitas ilimitadas! Válido para 60 museus e monumentos. Há passes para

BACKPACKER'S ADVENTURE

dois ou quatro dias. Compre-os on-line e eles serão entregues em sua casa antes de você chegar a Paris, ou no hotel _____ da cidade
Cabarés de Paris - Entradas para o Crazy Horse Paris, Lê Moulin Rouge, Le Lido, Bobin'O - É você quem escolhe. O Voucher é impresso diretamente on-line, não são necessárias entradas.

Disneyland Resort Paris – With train pass. The Magic Kingdom awaits you just outside of Paris. Ticket delivery to your hotel in Paris, or your home.
Disneylandia Paris Resort - Com passe de trem. O reino mágico o aguarda pertinho de Paris. Entradas entregues diretamente no seu hotel ou sua casa.

Le Ciel De Paris – Located at the top of the Montparnasse Tower, this is one of the three most beautiful views in Paris! +info...
Le Ciel De Paris - Localizado no topo da Torre Montparnasse, esta é uma das vistas mais bonitas de Paris. Mais informações...

Museum of London
Step inside and find historic objects that tell the History of the capital's turbulent past. Discover prehistoric London, see how the city changed under Roman rule, and wonder at the grandeur of medieval London
Museu de Londres
Entre e encontre objetos históricos que contam a história do passado turbulento da capital.
Descubra Londres pré-histórica, veja como a cidade mudou sob o comando romano e admire a grandeza medieval de Londres.

The Sherlock Holmes Museum 221b Baker Street London NW1 6XE England. Opens every day of the year (except Christmas Day) from 9.30am – 6pm Admission Charges: Adults £6 Children under 16yrs £4
Museu de Sherlock Homes
221 Baker Street London NW1 6XE Inglaterra
Abre todos os dias do ano (exceto no dia de Natal) das 9:30 da manhã às 6 da tarde.
Entrada: adultos 6 libras e crianças com menos de 16 anos 4 libras.

Metropolitan Museum of Art in Brief: One of New York City's most popular tourist attractions, the Metropolitan Museum of Art welcomes over 5 million visitors a year. The Metropolitan Museum of Art's collection and special exhibits offer something for everyone – from Ancient Egyptian Vases and Roman Statues to Tiffany Stained Glass and Rembrandt Paintings, there is something for nearly everyone.
Resumo sobre o Museu Metropolitano de Artes:
Uma das atrações mais populares, o "Metropolitan Museum of Art" recebe mais de 5 milhões de visitantes por ano. O acervo e as amostras especiais do "Metropolitan Museum of Arts" sempre têm algo a oferecer a qualquer pessoa – desde Vasos do Antigo Egito e Estátuas Romanas a Cristais pintados da Tiffany e Pinturas de Rembrandt.

Main Museums Websites
Sites dos principais museus

› **METROPOLITAN MUSEUM OF ART, NEW YORK CITY**
Http://www.metmuseum.org/

BACKPACKER'S ADVENTURE

> **BRITISH MUSEUM, LONDON**
http://www.britishmuseum.org/

> **THE TATE MUSEUM, LONDON**
http://www.tate.org.uk/

> **THE VATICAN MUSEUMS, ROME**
http://www.roma2000.it/zmusvat.html

> **MUSEU NACIONAL DEL PRADO, MADRID**
http://www.museodelprado.es/bienvenido/

> **THE HERMITAGE, ST. PETERSBURG**
http://www.hermitagemuseum.org/

> **THE SMITHSONIAN, WASHINGTON, D.C.**
http://www.si.edu/

> **MOMA (MUSEUM OF MODERN ART), NEW YORK CITY**
http://www.moma.org/

> **THE UFIZZI, FLORENCE, ITALY**
http://www.polomuseale.firenze.it/Uffizi

> **CENTRE GEORGES POMPIDOU, PARIS**
http://www.pariserve.tm.fr/English/paris/LesHalles/
musee.htm

> The Louvre, Paris
Http://www.louvre.fr/llv/commun/home.

> **THE GUGGENHEIM, BILBAO, SPAIN**
Http://www.guggenheim-bilbao.es/

> **The Guggenheim, New York**
http://www.guggenheim.org/

In the museum

No museu

YOU **"Excuse me; could you tell me where I can find portraits from the XVI century?"**
VOCÊ Com licença, poderia me dizer onde encontro as pinturas de retratos do século XVI?
MUSEUM **"Sure. Do you have a map of the museum with you? Oh right here, after the statue yard."**
MUSEU Claro. Você tem um mapa do museu com você? Ah, bem aqui, logo depois do jardim das estátuas.
YOU **"Thank you very much."**
MUSEU Muito Obrigado.

YOU **"Do you allow flashes in this area?"**
VOCÊ Vocês permitem o uso de flash nesta área?
MUSEUM **"No, no flashes are allowed in areas inside the museum, I'm sorry."**
MUSEU Não, não permitimos o uso de flashes em áreas dentro do museu, desculpe-me.

Is there anyone who could give me information about this painting/painter?
VOCÊ Alguém poderia me dar mais informações sobre este quadro/pintor?
MUSEUM **"You should set an appointment with the museum curator for that."**
MUSEU Você teria que marcar uma hora com o curador do museu.

BACKPACKER'S ADVENTURE

YOU "How can I do that?"

VOCÊ Como faço isso?

MUSEUM "You can either talk to the museum secretary or try to set an appointment using the site of the museum in the internet."

MUSEU Você pode ou falar com o secretário do museu ou tentar marcar uma hora usando o site do museu na internet.

YOU "Thank you.

VOCÊ Obrigado.

YOU "Where can I find posters and souvenirs? Is there a souvenir shop in the museum?"

VOCÊ Onde encontro pôsteres e lembrancinhas? O museu tem loja de lembrancinhas?

MUSEUM "Yes there is It's close to the next exit."

MUSEU Tem sim. Fica perto da próxima saída

YOU "Do you have these T-Shirts in larger/smaller sizes?"

VOCÊ Você tem numeração maior/menor destas camisetas?

MUSEUM "Sure. what number do you need? /I'm sorry, that's all we have.

MUSEU Claro, de que número você precisa?/Desculpe, só temos estas.

YOU "I need a medium."

VOCÊ Preciso de uma média.

YOU "Do you carry any post cards of Rembrandt/Picasso?

VOCÊ Você tem algum cartão postal do Rembrandt/ Picasso?

MUSEUM "All post cards are on your left. You can take a look.

MUSEU Todos os cartões-postais estão a sua esquerda. Você pode dar uma olhada.

ESSENTIAL VOCABULARY TO VISIT MUSEUMS, MONUMENTS AND AMUSEMENT PARKS

VOCABULÁRIO ESSENCIAL PARA VISITAR MUSEUS, MONUMENTOS E PARQUES DE DIVERSÕES

Aberto	Open
Acervo	Collection
Adulto	Adult
Amostra	Exhibition
Associar-se/associado	Become a member/member/membership
Atração	Attraction
Balcão de informações	Information desk
Banheiros/Toaletes	Restrooms
Calendário de eventos	Events calendar
Como chegar lá	Directions/access information
Compra de ingressos	Ticket desk
Curador do museu	Museum curator
De graça/grátis	Free/for free
Encontrar	Find
Entrada/Ingresso	Ticket/admission charge
Entrada principal	Main entrance/lobby
Entregar/entrega	Deliver/delivery
Escola	School
Estátuas	Statues
Estudante	Student
Fechado	Closed
Fila	Line
Galeria	Gallery
Histórico	Historic
Idosos	Seniors
Informação	Info/information
Lembrancinha	Souvenirs
Localizado no	Located at
Loja	Shop
Monumento	Monument
Não tenho condições/dinheiro	I can't afford
Onde?	Where?
Passado	Past
Passe	Pass

BACKPACKER'S ADVENTURE

Pintor	**Painter**
Quadro	**Painting**
Quando?	**When?**
Reserva de ingressos	**Ticket reservation**
Retrato/ Pintura de pessoas	**Portrait**
Saída	**Exit**
Século	**Century**

8 Night, clubs & small talk
Curtir a noite, baladas e bate-papo

Ask where to go and people's opinion about a club
Pergunte onde ir e a opinião das pessoas
sobre a balada/clube

What do you think of this night club/pub/lounge?
O que você acha dessa danceteria/barzinho?

Do you enjoy this place?
Você curte este lugar?

How do you like _____ ?
O que você acha do _____ ?

Is _____ really cool?
O _____ é legal mesmo?

What you might hear or comment
O que você pode ouvir ou comentar

This place is set up really nice. It is a big change from the local corner bar it used to be.
Esse lugar ficou muito legal. Ficou bem diferente do
barzinho de esquina que era antigamente.

BACKPACKER'S ADVENTURE

I have been going to this place ever since they opened, and I must tell you it is one of my favorite places. Drinks are good, good selection of wines.
Eu frequento esse lugar desde que eles abriram, e devo dizer que é um dos meus favoritos. Os drinques são bons e eles têm uma boa seleção de vinhos.

The views are breathtaking. The jazz pianist was great. The drinks are average, but overpriced.
A vista de lá é demais. O pianista que estava tocando jazz é ótimo. Os drinques são normais, mas muito caros.

This club was very popular back in the day. There were a lot of floors to hang out on with different types of music.
Essa danceteria era bem popular quando eu fui lá. Tinha vários ambientes para visitar, com tipos de música diferentes.

They have couches and a small space to dance to the live music. Amazing musicians on certain nights.
Eles têm sofás e um pequeno espaço para dançar com música ao vivo. Músicos fantásticos em algumas noites.

Ask about ideas to enjoy your night life
Pergunte sobre ideias para curtir suas baladas

Where can I go to enjoy a night here?
Onde eu posso ir para curtir a noite aqui?

My boyfriend and I are short on cash, we want to get out the house, though. Where are some good, free or inexpensive places we can go?!?
p.s. it"s cold outside!!!
Meu namorado e eu estamos com pouco dinheiro, mas queremos sair de casa. A que lugares bons, de graça ou baratos podemos ir?
Obs.: Está frio lá fora!!!

What do you guys do to enjoy night life here?
O que vocês fazem para curtir a noite aqui?
What's rocking here?
O que esta rolando aqui?

Do you know where I can find a guide to the alternative places in (London), like a listing of indie/rock pubs and clubs?
Você sabe onde posso encontrar um guia com lugares alternativos em (Londres), tipo uma lista de bares e clubes com indie/.rock?

Could you tell me of any pubs/Bars/Music venues – also cinemas/Bowling in this town?
Poderia me falar de bares/.lugares com música- também cinemas/boliche nesta cidade?

How to talk about a place, or understand what is said about it

Como indicar um lugar ou entender o que foi dito sobre ele.

Go and enjoy a night at C's Italian Grill in Doral and be your own judge, but I promise you won't regret the trip.

BACKPACKER'S ADVENTURE

Vá lá e curta uma noite no C's Italian Grill em Doral
e veja você mesmo, mas garanto que não vai se
arrepender de ter ido.

**I am a patron of M Bar 2 to 3 times a week
not only because it is a great place to enjoy
a night out but because of the staff
and management!**
Eu sou fã do M bar e vou duas ou três vezes por
semana, não só porque o lugar é ótimo para curtir
uma noite, mas também porque gosto do pessoal que
trabalha lá e da gerência.

**If you go to the bigger islands, you can go
shopping, try the local cuisine and enjoy the night
at a bar or casino.**
Se você for para as ilhas maiores, você pode fazer
compras, experimentar a cozinha local e curtir a noite
num bar ou cassino.

**Trends are changing and today we find venues that
combine all aspects of a night out rather than just
one, so I'd go to...which is a place where pretty much
you can find different stuff to enjoy a full night.**
As tendências estão mudando, e hoje encontramos
lugares que combinam todos os aspectos para
curtir uma noite fora, e não apenas uma opção;
então eu iria ao... que é um lugar onde basicamente
se encontra coisas diferentes para curtir a
noite inteira.

If you are short on cash you could go to a movie theater, bowling, play pool, have a movie night at one of your houses, sometimes , walk around the mall, have a party with close friends, have a bonfire party is also an idea.
Se está com pouco dinheiro, você poderia ir ao cinema, boliche, sinuca, assistir a um filme na casa de um de vocês às vezes; andar pelo shopping, organizar festinha com os amigos mais chegados, uma reunião com fogueira também é uma ideia.

Find a place that plays live music, it's normally really cheap to see a local band play and can be extremely fun. Bowling alleys are also good but my all time favorite is a house party!!!
Encontre um lugar onde toquem música ao vivo, geralmente é barato ver uma banda local tocar e pode ser bem divertido. Áreas de boliche são também legais, mas prefiro sempre uma festa em casa!

Go somewhere out to eat...like Coldstone or Starbucks or something ... get something small ... but hang out there for a while... sit, talk and meet new people.
Saia para comer... Coldstornes ou Starbuks ou algo assim... pegue algo pequeno mas fique por lá um pouco...sente-se, converse, encontre pessoas novas.

Try to get to know people
Tente conhecer pessoas

Se você vir alguém num bar, clube ou algum outro lugar e quiser tentar conhecê-lo(a), aqui estão algumas dicas para começar um papo.

BACKPACKER'S ADVENTURE

Hi, I'm Alexandre, I come from Brazil.
Oi, Eu sou o Alexandre. Sou do Brasil.

Hello you guys! Nice meeting you all!
Olá, galera! Prazer em conhecer vocês!

For those who don't know me yet, I'm Alexandre from Brazil.
Para quem ainda não me conhece, eu sou o Alexandre do Brasil.

(com outros mochileiros)
I'm new here, actually I'm a backpacker from Brazil.
Sou novo aqui, na verdade sou mochileiro e vim do Brasil.

When I saw you I thought you were a backpacker also, that's why I approached.
Quando eu vi você, achei que fosse mochileiro também, por isso resolvi chegar.

I really enjoy travelling, I don't have much money, though.
Eu adoro viajar, mas tenho pouco dinheiro.

I Work a little here and there just to make some money and travel again.
Trabalho um pouco aqui e ali só para ganhar algum dinheiro e viajar de novo.

How long have you been backpacking?
Há quanto tempo você está viajando como mochileiro?

Is there anywhere you like best and think I should go visit?
Algum lugar que tenha gostado mais e acha que seria bom visitar?

(com alguém local)
Do you enjoy living here?
Gosta de morar aqui?

Why did you move here?
Por que se mudou para cá?

Is it easy to find a job here?
É fácil encontrar trabalho aqui?

Your town is really a beautiful place!
Sua cidade é realmente muito linda!

Is it true that...?
É verdade que...?

Does it get much colder/hotter than that?
Fica muito mais frio/quente?

Does it snow/rain a lot here at this time of the year?
Neva/chove muito aqui nesta época do ano?

Do a lot of tourists come here on their vacation?
Muitos turistas vêm aqui nas férias?

Any chance of getting a job around here?
Alguma chance de conseguir trabalho por aqui?

(amenidades)
It's really hot today!
Como está quente hoje!

BACKPACKER'S ADVENTURE

Do you think it's going to rain?
Acha que vai chover?

Long line!
Que fila!

Are you going up/down? (elevator)
Vai subir/descer? (elevador)

Can I help you
Posso ajudá-lo(a)?

Are you in this flight?
Está neste voo?

Are you taking this bus/train?
Vai pegar este ônibus/trem?

(paquera)
Let me help you with that. Oh, by the way, I'm Alexandre/Monica. What's your name?
Deixe-me ajudá-lo(a) com isso. Ah, meu nome é Alexandre/Mônica. Qual seu nome?

You have such a beautiful smile!
Você tem um sorriso lindo!

Were you at _____ **the other night?**
Você estava no _____ a outra noite?

I really enjoyed talking to you.
Gostei muito de conversar com você.

I'd really like to see you again.
Gostaria muito de vê-lo(a) novamente.

Can I have your phone number/e-mail?
Pode me dar seu telefone/e-mail?

It feels really good when I'm around you.
É muito bom estar perto de você.

I hadn't felt like that in a long time.
Fazia muito tempo que eu não me sentia dessa forma.

You make me smile.
Você me faz sorrir.

You're amazing!
Adorei você!

LEARN THESE EXPRESSIONS AND WORDS TO CHAT AND ENJOY YOUR NIGHT

APRENDA ESTAS EXPRESSÕES E VOCABULÁRIO PARA BATER PAPO E CURTIR SUA NOITE

Algum lugar	Somewhere
Balada	Night life/go clubbing
Bar	Pub
Barato	Inexpensive/cheap
Barzinho	Bar
Bater papo	Chat
Bebida	Drink
Boliche	Bowling
Cantor	Singer/vocal
Caro	Overpriced/expensive
Cinema	Cinema/movie theater
Conversar com você	Talk(ing) to you
Dançar	Dance
Danceteria	Club
Eu frequento	I'm a patron/I've been going

BACKPACKER'S ADVENTURE

Fazer compras	Go shopping
Favorito	Favorite
Férias	Vacation
Festa	Party
Festa em casa	House party
Ficante/paixãozinha	Date/fling
Guitarrista	Guitar player
Lá fora	Outside
Legal	Cool/nice
Lugar	Venue/place
Lugares alternativos	Alternative places
Música	Music
Música ao vivo	Live music
Namorada	Girlfriend
Namorado	Boyfriend
Não vai se arrepender	Won't regret
Noite	Night
Noite toda	Full night
Onde?	Where?
Ótimo	Great
Perto de você	Around you
Pessoal (trabalho)	Staff
Pianista	Pianist
Por isso	That's why
Por quê?	Why?
Pouco dinheiro	Short on cash
Quando?	When?
Quantos anos?	How old?
Quanto tempo?	How long?
Recomendar/indicar	Recommend
Rolando/acontecendo de bom	Rocking
Sair	Go out/hang out
Sentir-se assim	Feel like that
Ser divertido	To be fun
Sinuca	Pool
Sorrir/sorriso	Smile
Trabalho	Work/job
Veja você mesmo	Be your own judge
Vê-lo(a) novamente	See you again
Vinho	Wine
Vista	View

9 **Restaurant/Grocery/diner/ bakery/market/Drugstore**
Restaurante/Mercado/Lanchonete/ Padaria/Supermercado/Drogaria

Where/which one?
Onde? Qual?

Do you know any good but cheap restaurant around here?
Você conhece algum restaurante bom e barato por aqui?

Is this the only restaurant in town?
Este é o único restaurante da cidade?

Is there any cheaper place to eat nearby?
Tem algum lugar mais barato para comer aqui?

Is the food in this restaurant good and fresh?
A comida nesse restaurante é boa e fresca?

Do they serve seafood/pasta/salad?
Eles servem frutos do mar/massas/saladas?

Is the food there reliable?
A comida lá é confiável?

BACKPACKER'S ADVENTURE

I'd like to eat some homemade food.
Gostaria de comer uma comida caseira.

Is it possible to find something to eat at the bakery at this time?
É possível encontrar algo para comer na padaria a esta hora?

Where can I find something to eat at this time?
Onde posso encontrar algo para comer a esta hora?

What time do the restaurants in this city close?
A que horas fecham os restaurantes da cidade?

Are there any snack bars open at this time?
Tem alguma lanchonete aberta a esta hora?

Do you serve food a la carte?
Vocês servem a la carte?

Is it self service?
Cada um se serve?

Reservation in restaurants
Reservas em restaurantes

Em alguns restaurantes muito frequentados dos Estados Unidos nem sempre fazer reserva significa apenas ligar para o restaurante. Eles poderão pedir que você assine um contrato se responsabilizando pelo número de pessoas para quem você reservou os lugares. Na maioria dos restaurantes, entretanto, você poderá apenas ligar e pedir que eles lhe reservem certo número de lugares e mesas, que são reservados por um tempo limitado. Por exemplo, mais de 15 minutos de atraso pode incorrer em cancelamento da reserva dos lugares.

YOU "I'd like to make a reservation for a party of 12."
VOCÊ Eu gostaria de fazer uma reserva para 12 pessoas.
RESTAURANT "When would you like to make the reservation for?"
RESTAURANTE Para quando gostaria de fazer a reserva?
YOU "This Saturday at 8:30 pm."
VOCÊ No próximo sábado às 8:30 da noite.
RESTAURANT "Who is making the reservation?"
RESTAURANTE A reserva é em nome de quem?
YOU "Roberto P."
VOCÊ Roberto P.
RESTAURANT "I made a reservation for 2 (two) tables, six people each, at 8:30 pm this coming Saturday. Is that correct?"
Restaurante: Eu estou fazendo uma reserva de duas mesas, seis pessoas cada, às 8:30 da noite no próximo sábado. Confere?
YOU "Yes, that's correct."
VOCÊ Sim, está certo.
RESTAURANT "I'd just like to remind you this restaurant just keeps a reservation for no longer than 15 minutes after the appointed time."
RESTAURANTE Eu apenas gostaria de lembrá-lo de que este restaurante guarda a reserva por apenas 15 minutos depois do horário reservado.
YOU "I understand that."
VOCÊ Entendi.
RESTAURANT "What's your phone number?"
RESTAURANTE Qual o número do seu telefone?
YOU "It's....."
VOCÊ É...

BACKPACKER'S ADVENTURE

`RESTAURANT` **"Thank you. Have a good day."**
`RESTAURANTE` Obrigado. Tenha um bom dia.

`PS` >Note que em inglês, se você disser next, estará indicando um dia da semana que vem, por exemplo: Next Saturday = sábado da semana que vem. Se você quiser dizer o próximo sábado ou este sábado agora, diga: this Saturday.

`YOU` **"Please, I have a reservation for 8:30 p.m., but I'm late. Do you think you could extend my reservation a little longer?"**
`VOCÊ` Por favor, eu tenho uma reserva para as 8:30, mas estou atrasado. Será que vocês poderiam estender minha reserva um pouco mais?
`RESTAURANT` **"The reservation is under whose name?"**
`RESTAURANTE` A reserva está em nome de quem?
`YOU` **"Roberto P"**
`VOCÊ` Roberto P.
`RESTAURANT` **"Ok, I got you. We can wait ten more minutes. Can you make it?"**
`RESTAURANTE` O.k., eu já te achei. Podemos esperar mais dez minutos. Daria tempo para você?
`YOU` **"Yes, thank you."**
Você: Sim, obrigado.

You "Good evening. Does this restaurant take reservations?"
`VOCÊ` Boa noite. Este restaurante aceita reservas?
`RESTAURANT` **"When would you like that for?"**
`RESTAURANTE` Para quando gostaria?
`YOU` **"Friday the 27th at 8:00 pm evening."**
`VOCÊ` Sexta-feira, dia 27, às 8:00 da noite
`RESTAURANT` **"How many in your party?"**
`RESTAURANTE` Para quantas pessoas?

YOU "It will be a birthday party so I'll need to make a reservation for 35 people."

VOCÊ É uma festa de aniversário, então eu preciso fazer reserva para 35 pessoas.

RESTAURANT "Well, in this case you'll have to sign a contract."

RESTAURANTE Bem, neste caso terá que assinar um contrato.

YOU "A contract? I wasn't expecting to sign a contract for that."

VOCÊ Um contrato? Eu não estava esperando assinar um contrato.

RESTAURANT "I'm sorry, but in this case we need you to sign a contract with us saying you are responsible for this number of reservations. I could e-mail or fax it to you, and if you agree you can sign it."

RESTAURANTE Sinto muito, mas nesse caso nós precisamos que você assine um contrato com a gente e se responsabilize por este número de reservas. Eu posso mandar um e-mail ou um fax para você, e se você concordar, você assina.

You "Ok then. My e-mail is _____ @ _____ .com"

Você: Está bem, então. Meu e-mail é _____ @ _____ .com

RESTAURANT "Thank you. I'll be e-mailing it to you right away."

RESTAURANTE Obrigado. Vou mandar o e-mail imediatamente.

PS >Como se lê um e-mail em inglês? @ é lido "at" pois indica o lugar onde o e-mail está. E ponto se diz "dot".

BACKPACKER'S ADVENTURE

Reservations online
Reservas on-line

	Localização	Cozinha	$	Reserva
OpenTable®	Miami Beach /South Beach	Mediterranean	$$$	Reserve Now Reserve agora

Mediterranean Kitchen
Offering a 3-course dinner w. 3 different 6oz wine Regular menu available.
Romantic cozy tables for two!

Cozinha mediterrânea- Oferecemos jantar com 3 pratos diferentes, vinho 6 on Menu normal disponível. Mesas românticas e agradáveis para dois.

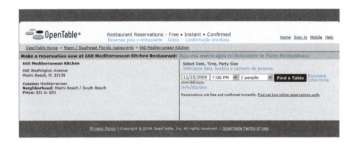

Restaurant Profile
Perfil do restaurante

- **Dining Style:** Casual Elegant Estilo do jantar: casual/elegante
- **Cuisine: Mediterranean, Tapas /Small Plates**
  Cozinha: Mediterrânea/porções/pratos pequenos
- **Neighborhood: Miami Beach /South Beach**
  Localização/Bairro eg: Miami Beach/South Beach
- **Cross Street: Between 6th and 7th Street**
  Rua Próxima eg: Entre a 6th e a 7th rua
- **Menu: View menu on restaurant's website Menu:**
  Veja o site com o menu do restaurante

- **Price: $31 to $50** Preço entre 31 e 50 dólares
- **Website:** www............
- **e-mail:**
- **Phone:** (786) ooo ooo Telefone
- **Hours of Operation:** Horários de funcionamento **Breakfast Daily:** café diariamente das 7:00am – 11:00am
- **Sunday Brunch:** almoço-café aos domingos das 7:00am –às 5:00pm
- **Lunch Daily:** almoço diariamente das 11:00am às- 3:00pm
- **Dinner** jantar: **Sunday – Thursday** De domingo a terça das: 6:00pm às 11:00pm, **Friday** – Saturday: sextas e sábados das 6:00pm às 12:00am
- **Payment Options:** opções de pagamento
- AMEX, Discover, MasterCard, Visa
- **Executive Chef:** Chefe
- **Dress Code (Smart Casual)** O que vestir (casual chique)
- **Offers: Banquet/Private Rooms/Bar/Lounge/ Full Bar/Pátio/Outdoor Dining/Private Room/ Smoking Area (patio only)/Weekend Brunch/ Wine/**Oferece: Banquetes/salas particulares/ saguões/bar completo/jantar ao ar livre/espaço privado/área de fumantes (apenas no pátio), café- almoço nos finais de semana e vinho
- **Parking:** Valet – Estacionamento com Valet
- **Private Party Contact:** Vinny (305) ooo ooo Contato para festas particulares
- **Entertainment: Sunday Brunch Offers Live Guitarist** – Entretenimento: Nos almoços aos Domingos oferecemos violonista ao vivo

BACKPACKER'S ADVENTURE

Place your order online
Pedidos on-line

> **Enter your address and ZIP code, click Submit and we'll show you coupons available in your area.**
> Required(*) (Coloque seu endereço, cep e mande. Mostraremos os cupons disponíveis na sua área*
>
> - Occasion: (Ocasião, por exemplo, aniversário, festa etc.)
> - *Street Address: (nome da rua)
> - *ZIP Code: (CEP)
>
> ⊙ Delivery (entrega)
> ⊙ Carryout (você vem pegar no restaurante)
>
> [   ]
>
> (do not include apartment #) (não inclua o número do apartamento aqui)

* O uso de cupons de desconto é uma prática comum nos Estados Unidos. São usados na área de alimentação, vestiário, mobília, eletrodomésticos e afins.

Search for restaurants for takeout or delivery
(busque restaurantes para ir buscar ou entregar)

- **Step1 (O primeiro passo é colocar o seu CEP aqui)**
  [   ]
  Please enter your zip code:

- **Step2**
- Order Type:

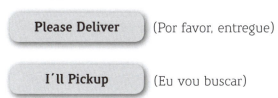

Please Deliver (Por favor, entregue)

I´ll Pickup (Eu vou buscar)

95

At a restaurant
No restaurante

What's special today?
Qual o prato do dia?

Do you have any soup/salad?
Vocês têm sopas/saladas?

Is this dish enough for two?
Este prato é suficiente para dois?

Is this food served by the kilo/pound?
Esta comida é por quilo/pound?

Is it cheaper if we order two of the same dish?
Fica mais barato se pedirmos dois pratos iguais?

Is the juice cheaper if we order a pitch?
O suco fica mais barato se pedirmos uma jarra?

Can I have some more bread please?
Pode me trazer mais pão, por favor?

Can I have some butter/olive oil/salt please?
Pode me trazer manteiga/óleo de oliva/sal, por favor?

How much is a side order of fries?
Quanto custa uma porção de fritas à parte?

Can I have some side sauce, please?
Pode me trazer mais molho à parte, por favor?

I'd like to have rice, beans and beef/chicken/fish.
Eu vou comer arroz, feijão e bife/frango/peixe.

Do you offer any juice?
Você tem suco?

What choices of juice/soda do you have?
Que sucos/refrigerantes você tem?

Can I have water, please?
Pode me trazer água, por favor?

What have you got for dessert?
O que vocês têm de sobremesa?

Can you make a doggy bag/bring a box?
Você pode embrulhar o que sobrou para levar/ me dar uma embalagem de viagem?

Could you bring my check/bill, please?
Poderia trazer a conta, por favor?

Should I pay you now or should I pay the cashier?
Pago você ou pago o caixa?

Can I order to go?
Posso pedir para viagem?

Important vocabulary to understand a menu - Don't starve

Vocabulário importante para entender um cardápio, não passe fome:

Rice = Arroz

Beans = Feijão
Salad = Salada
Dressing = Tempero de salada
Sauce = Molho
Onion = Cebola
Tomato = Tomate
Potato = Batata
Fries = Fritas
Soup = Sopa
Salt = Sal
Olive oil = Azeite de oliva
Pasta = Massas
Sea Food = Frutos do mar
Shrimps = Camarões
Lobster = Lagosta
Beef = Carne de vaca
File = Bife/filé
Pork = Carne de porco
Chicken = Frango/Galinha
Chicken breast = Peito de frango
(Chicken wings) = (Frango) a passarinho
Turkey = Peru
Fish = Peixe
Vegetables = Vegetais
Fruit = Fruta
Bread = Pão
Butter = Manteiga
Cheese = Queijo
Ham = Presunto
Cereal (corn flakes/nut o's) = Cereais, sucrilhos etc.
Spread = Patê
Jelly = Geleia
Juice = Suco
Water = Água

BACKPACKER'S ADVENTURE

Milk = Leite
Coffee = Café
Beer = Cerveja
Wine = Vinho
Dessert = Sobremesa

Ways to prepare food
Modos de preparo dos alimentos

Fried = Frito
Barbacued = Como churrasco
Boiled = Fervido
Grilled = Grelhado
Broiled = Assado
Cooked in butter = Na manteiga
With sauce = Com molho
Steamed = Cozido em água fervente

A translated Menu
A tradução de um menu

Rice 'n Beans Menu
Este é o menu de um restaurante Brasileiro em Nova Iorque, ele foi traduzido e adaptado para você saber como pedir o que gosta de comer e entender um menu em inglês.

- xxx Ninth Ave., New York, NY 10019 (endereço)
- **Takeout Available | Delivery Available** (possível levar/entregar)
- **Delivery Payment:** (taxa mínima de entrega) $10 minimum
- **Delivery Hours:** (horário de entrega) Daily, 11am–10pm

- **Delivery Area:** (área de entrega)
  40th St. to 60th St., First Ave. to West Side Hwy.

Appetizers (Entradas)

Cheese Rolls	(pão de queijo)
Yucca Fried or Sauteed	(mandioca frita ou alho e óleo)
Fried Sweet Plantains	(banana frita)
Assorted Platter	(uma combinação dos itens acima)

Soups (Sopas)

Creamy Black Bean Soup (sopa de feijão) **topped with/sour cream* or chopped red onion** (servida com "sour cream" e cebola picada)

Green Soup (caldo verde) **rich smoky soup with/collard green, mashed potatoes and portuguese sausage** (sopa cremosa com couve, purê e linguiça portuguesa)

Chicken and Rice Soup Maria's Style canja (canja de galinha)

Salads (Saladas)

Tossed Salad	(salada mista)
Avocado Salad	(salada de abacate)
Hearts of Palm Salad	(salada de palmito)
Carnaval Salad – grilled chicken breast, string beans, and avocado, with/our delicious homemade dressing	(salada carnaval) – (peito de frango grelhado, vagem, e abacate com delicioso tempero caseiro)

Feijoada
A Brazilian Traditional Specialty

A Casserole of Black Bean With Pork loin, sausage, bacon, Spare Ribs and Cubed Beef served with lightly sautéed collard green, rice, farofa (roasted yucca flour), orange slices and homemade hot sauce	**extra plate 6**

BACKPACKER'S ADVENTURE

(descrição de uma feijoada em inglês: Uma mistura numa panela de feijão preto com lombo de porco, costelas, carne em cubos servido com couve levemente sauté, arroz, farofa de mandioca, fatias de laranja e molho quente caseiro)

Vegetarian (Vegetariano)

Rice, Bean and Sautéed Vegetables	(arroz, feijão e vegetais)
Rice, Bean and Fried Sweet Plantains	(arroz, feijão e banana frita)
Rice, bean, Vegetables and Plantains	(arroz, feijão, vegetais e banana frita)

Seafood (Peixes e frutos do mar)

Grilled Salmon Topped with/ Orange Sauce with/Sautéed Vegetables	(salmão grelhado servido com molho de laranja e vegetais sauté)
Amazonas Fish Stew fish stew with/onion, tomato, red pepper, and coconut milk	(peixe amazonas) (ensopado de peixe com cebola, tomate, pimentão vermelho e leite de coco)
Peixe à Brasileira fish stew with/onion, tomato, red pepper and fresh coriander	(ensopado de peixe com cebola, pimentão vermelho e "coriander" fresco)
Bobó de Camarão shrimp in a puree of yucca made with/ coconut milk, fresh cilantro and palm oil	(camarão em purê de mandioca com leite de coco, cilantro fresco e dendê)
Shrimp Bahia Style shrimp casserole with/red pepper, onion, tomato and coconut milk	(camarão à baiana) (ensopado de camarão com pimenão vermelho, cebola, tomate e leite de coco)
Shrimp With Rice	(risoto de camarão)
Bacalhau à Bras sautéed shredded cod fish with/eggs, string shoes potatoes and black olives	(bacalhau salgado com ovos, batatas e azeitonas pretas)

Poultry (aves)

Chicken Leblon Style boneless chicken breast sautéed with/ garlic, white wine and julienne carrot and capers	(peito de frango leblon) (peito de frango desossado salgado, com alho, vinho branco e cenouras)
Chicken Ipanema boneless chicken breast grilled, topped with/fresh tomato and herb sauce	(peito de frango ipanema) (peito de frango desossado,servido com tomates frescos e molho de ervas)
Chicken Bossa Nova small cubes of lightly fried chicken with/ freshly minced garlic and white wine – please allow 30 min.-	(frango à passarinho) (cubinhos de frango levemente fritos com alho picado fresco e vinho branco) (Leva 30 minutos)
Breaded Chicken Breast	(frango à milanesa)
Half Roasted Chicken	(1/2 frango assado)
Sautéed Chicken with/Okra	(frango com quiabo)
Sautéed Chicken Breast with/ Vegetables	(peito de frango salgado com vegetais)
Arroz con Pollo	(risoto de frango)

Meat (carnes)

Sizzling grilled top sirloin served with/french fries or sauteed collard green	Picanha Na Chapa (servida com batatas fritas e repolho sauté)
Sautéed Steak with/Onion	(bife acebolado)
Pan Grilled Shell Steak	(Au Jus contra filet)
Beef Stew tender sirloin cubes, sautéed with/garlic, onions, sweet peppers, tomatoes and corn, served w/fried plantains	(picadinho carioca) (picanha em cubos com alho, cebolas, pimentões, tomates e milho servido com banana frita)
Pork Chops Brazilian Style	(bisteca de porco)
Grilled Loin of Pork grilled to perfection with/an exotic mushrooms and pineapple sauce	(lombo grelhado) (grelhado a perfeição com um exótico molho de cogumelos e abacaxi)

BACKPACKER'S ADVENTURE

All entrees served with/yellow or white rice, black or red bean, or sauteed vegetables (todos os pratos são servidos com arroz amarelo ou branco, feijão preto ou vermelho e vegetais sauté)

Side orders (Porções)

Collard Green	(couve)
Okra or Zucchini	(quiabo ou abobrinha)
Rice – Yellow or White arroz	(arroz branco ou amarelo)
Bean – Black or Red feijão	(feijão preto ou vermelho)

Homemade desserts (sobremesas caseiras)

Caramel Custard flan	(flan caramelizado)
Creamy Coconut with/Vanilla and Prunes Pudding manjar	(manjar de coco com baunilha e ameixas)
Passion Fruit Mousse	(mousse de maracujá)
Nega Maluca chocolate delicacy with/vanilla ice cream	(brigadeiro) (doce de chocolate com sorvete de baunilha)

Beverages (Bebidas)

Fresh Tropical Fruit Shake (16 oz.)	(suco de fruta tropical)
Guaraná, Diet guaraná a brazilian soft drink made from the seeds of an exotic plant that grows in the amazon jungle	(um drinque brasileiro feito de sementes de uma planta exótica que cresce na floresta amazônica)
Sparkling Water	(água com gás)
Coffee	(café)
Brazilian Herbal Tea	(chá mate)
Iced Tea	(chá gelado)
Coke, Diet coke, Ginger ale, Sprite	

Adsy Google

In case of any trouble, you can express yourself like this:

Se houver algum problema no restaurante, saiba se expressar:

How long is the waiting?
Quanto tempo de espera?

Excuse me; will the food take long?
Desculpe, mas a comida vai demorar?

I'm in a bit of a hurry...
Estou com um pouco de pressa...

Could I smoke in here?
Posso fumar aqui?

I'd like to change tables. There's someone smoking too near me...
Eu gostaria de mudar de mesa. Tem alguém fumando próximo demais...

Is there any other table closer to the window?
Há alguma outra mesa perto da janela?

I ordered my meal 30/40 minutes ago. Could you check if my meal is ready?
Fiz o pedido há 30/40 minutos atrás. Poderia verificar se minha refeição está pronta?

The food doesn't taste fresh. Can I choose something else?
A comida não está fresca. Posso escolher outra coisa?

BACKPACKER'S ADVENTURE

Excuse me, that's not what I ordered. I ordered ___
Desculpe, mas não foi isso o que eu pedi. Eu pedi ___

There is too much salt in my food. Could you please change it?
Tem sal demais na minha comida. Poderia trocar?

My food is cold. Could you warm it up a little more?
Minha comida está fria. Poderia esquentá-la um pouco mais?

There's something wrong with my check/bill. I didn't order this.
Há algo errado com minha conta. Eu não pedi isto.

I think this is not the total. There's a mistake in my check/bill.
Acho que este não é o total. Há um erro na minha conta.

I really don't know what to do... I just brought my credit card today.
Realmente não sei o que fazer... eu só trouxe o meu cartão de crédito comigo.

I don't have any cash on me.
Eu não tenho dinheiro comigo.

I'm sure there is a way to solve this.
Tenho certeza de que poderemos resolver isto.

At the market or drugstore
No supermercado ou drogaria

Hoje, muitas das drogarias ao redor do mundo, vendem muito mais do que remédios. São também pontos de conveniência para uma variedade de itens. Em cidades pequenas, a drugstore ou pharmacy ainda pode ser como a antiga farmácia no Brasil.

Excuse me; where can I find razor blades/ shaving cream?
Com licença; onde eu encontro lâminas de barbear/ cremes barbeadores?

Do you carry small toothpastes?
Vocês têm tubos pequenos de pastas de dente?

Could you tell me where the cough drops and the tissues are?
Poderia me dizer onde estão as pastilhas para a garganta e os lencinhos?

Can you show me where your first aids are?
Poderia me mostrar onde estão seus primeiros socorros?

Is there anything here that could help me with my sunburn/scratches?
Há algo aqui que possa me ajudar com queimaduras solares/arranhões?

Are there pads with wings anywhere here?
Tem absorventes com abas em algum lugar aqui?

BACKPACKER'S ADVENTURE

Is that spring water, or just bottled water?
Esta água é mineral ou apenas potável engarrafada?

Could you tell me where the chocolate/ cookies section is?
Poderia me dizer onde está a seção de chocolates/ biscoitos?

Do you have soap/laundry soap?
Vocês têm sabonete/sabão para lavar roupas?

Is there any minute made chicken/vegetarian soup here?
Tem alguma sopa de galinha/vegetariana instantânea?

Some supermarket and drugstore items you might need

Alguns itens de supermercado e drogaria que você poderá precisar

PERSONAL CARE AND MEDICINE VOCABULARY
Vocabulário de higiene pessoal e remédios

Soap = Sabonete
Laundry soap = Sabão para lava roupas
Toothpaste = Creme dental
Toothbrush = Escova de dentes
Toilet tissue = Papel higiênico
Tissue = Lencinhos de papel
Shaving cream = Creme de barbear
Razor blade = Lâmina de barbear
Mouth Wash = Enxaguante bucal
Dental floss = Fio dental
Pads = Absorventes femininos

Cotton = Algodão
Cotton swabs/Q-tips = Cotonetes
Chap sticks = Protetor labial
Lotion = Creme
Moisturizer = Hidratante
Sunscreen/sunblock = Filtro/protetor solar
First aid = Primeiros socorros
Cold/flu aids = Remédios para gripe
Homeopathic medicine = Remédio homeopático
Headache pills = Remédio para dor de cabeça
Supplement/dietary supplement = suplemento/
vitaminas/remédio natural
Syrup = Xarope
Cold tea = Chá para a gripe
Pain killer = Remédio para dores

FOOD VOCABULARY
Vocabulário de comida

Spaghetti = Espaguete
Mac/macarroni = Macarrão
Cheese = Queijo
Soup = Sopa
Rice = Arroz
Beans = Feijão
Tomato sace = Molho de tomates
Potatoes = Batatas
Vegetables = Legumes/vegetais
Salad = Salada
Beef = Carne de vaca
Chicken = Frango/galinha
Pork = Porco
Fish = Peixe
Water = Água

BACKPACKER'S ADVENTURE

Milk = Leite
Beer = Cerveja
Cracker = Biscoito salgado
Cookie = Biscoito doce
Ice cream = Sorvete
Chocolate = Chocolate
Sugar = Açúcar
Salt = Sal
Coffee = Café
Cocoa = Chocolate em pó
Milk chocolate = Achocolatado
Pepper = Pimenta
Carrot = Cenoura
Aspargus = Aspargo
Oil = Óleo
Pie = Torta
Minute made juice = Suco pronto

ESSENTIAL VOCABULARY AND EXPRESSIONS TO SPEAK IN RESTAURANTS, MARKETS AND DRUGSTORES

VOCABULÁRIO E EXPRESSÕES ESSENCIAIS PARA SE COMUNICAR EM RESTAURANTES, SUPERMERCADOS E DROGARIAS

Abrir/Aberto	Open
A esta hora	At this time
Algo/alguma coisa	Something
À parte	Side/side order
A que horas?	What time?
Área para fumantes	Smoking área
Área para não fumantes	Non smoking área
Barato	Cheap
Boa/bom	Good
Café (lugar)	Café/coffee shop/Donut
Caixa	Cashier/check out
Caro	Expensive
Carne	Meet/beef
Cidade	Town/city
Comer	Eat
Comida	Food

Comida caseira	Homemade food
Confiável	Reliable
Conta	Check/bill
Delivery	Entrega
Dinheiro	Money
Dinheiro (em espécie)	Cash
Drogaria/farmácia	Drugstore/Pharmacy
Esperar/espera	Wait
Esquentar	Warm (up)
Errado	Wrong
Erro	Mistake
Fecha/fechar	Close
Frango	Chicken
Fresco (comida)	Fresh
Frio	Cold
Frutos do mar	Seafood
Fumar	Smoke
Gostar	Like
Gosto	Taste
Horário de funcionamento	Open hours
Instantâneo	Minute made
Legumes/vegetais	Vegetables
Levar o que sobrou numa embalagem de viagem	Take a doggy bag/put it in a box
Mais barato	Cheeper
Mesa	Table
Mesa separada com bancos	Booth
Mudar	Change
Não gosto	I don't like
Oferece	Offer/offers
Onde?	Where?
Pedido/fazer pedido	Order
Padaria	Bakery
Para entregar	Delivery
Para levar	To go
Pedido	Order
Peixe	Fish
Poderia...?	Could you...?
Poderia me passar o...?	Could you pass me the...?
Pode/poderia me trazer...?	Can you/could you bring me...?
Por perto	Nearby/arounf here
Prato	Plate
Prato (para comer)	Dish
Prato do dia	Today's special
Problema	Problem/something wrong
Quanto é?	How much?
Quanto tempo?	How long?

BACKPACKER'S ADVENTURE

Quente	Hot
Refeição	Meal
Restaurante	Restaurant
Restaurante (simples, também para lanches)	Diner
Salada	Salad
Servir (bebida)	Pour
Servir (comida)	Serve
Servir (pessoa)	Help
Sobremesa	Dessert
Suficiente	Enough
Supermercado	Supermarket/market
Quando você vai buscar o pedido e leva	Take out
Tem...?	Is there (sing)/ are there (plural)...?
Para viagem/você leva para casa	To go
Trazer	Bring
Trocar	Change
Variedades (misturadas)	Miscelaneous
Variedades/escolhas	Choices
Vocês têm...?	Do you have/have you got...?

10 Emergency/Hospital/ER
Emergência/Hospital/Pronto-socorro

Pain interjections
Interjeições de dor

Ouch!!!
Ai!!!

Oh, jeez! (Jesus)
Ai, Jesus!/Minha nossa!

Ooh!
Ai!

O dear!
Ai, meu Deus!/Ai, minha nossa!

If you need to ask for help
Se você precisar pedir socorro

Please, somebody help!!!!
Por favor, alguém me ajude!!!

Help me please!!!
Ajude-me, por favor!!!

BACKPACKER'S ADVENTURE

Can you help me out here?
Pode me dar uma ajudinha?

I need an ambulance!
Preciso de uma ambulância!

Where is the closest ER?
Onde fica o pronto-socorro/ambulatório
mais próximo?

Can you please take me to a hospital?
Poderia me levar até o hospital, por favor?

Help, I'm falling!!!
Socorro, estou caindo!!!

Help! I can't take it anymore!
Socorro! Eu não estou aguentando mais!

Help! I'm lost. Anybody there?
Socorro! Estou perdido. Tem alguém aí?

I need your help. It's an emergency!
Preciso da sua ajuda. É uma emergência!

Somebody call the police, please!
Alguém chame a polícia, por favor!

Explain the emergency.
Explique qual a é a emergência.

I crashed my car.
Bati meu carro.

The car turned over.
O carro capotou.

I believe there are hurt people.
Acho que há feridos.

I can't move my leg/arm/body.
Não consigo mexer minha perna/meu braço/corpo.

I fell down and sprang my ankle
Caí e torci o tornozelo

I was ran over.
Fui atropelado.

I think I broke my arm/leg.
Acho que quebrei meu braço/minha perna.

I've got bruises and scratches.
Me machuquei e me arranhei.

I'm bleeding.
Estou sangrando.

I have been shot!
Levei um tiro!

There has been some shooting and people got hurt.
Houve um tiroteio e pessoas ficaram feridas.

I can't breath.
Não consigo respirar.

BACKPACKER'S ADVENTURE

I have a stomachache/backache/toothache.
Estou com dor de estômago/nas costas/de dente.

I feel sick.
Estou me sentindo mal/enjoado.

I have been robbed!
Fui assaltado!

I have been mugged.
Fui agredido e assaltado.

If you need to talk to a doctor.
Se você precisar conversar com um médico

DOCTOR **"Where does it hurt?"**
MÉDICO Onde esta doendo?
YOU **"Right here."**
VOCÊ Bem aqui
DOCTOR **"How did it happen?"**
MÉDICO Como isso aconteceu?
YOU **"I was playing soccer/climbing when I slipped and fell."**
VOCÊ Eu estava jogando futebol/escalando, quando escorreguei e caí
DOCTOR **"I'll prescribe a pain killer for the moment, but you'll need an ex ray."**
MÉDICO Eu vou prescrever um remédio para dor, mas você vai precisar tirar um raio X.
YOU **"Do you think it's broken?"**
VOCÊ Acha que está quebrado?
DOCTOR **"It might be, we need to check."**
MÉDICO Pode ser que esteja, vamos precisar examinar.

YOU "Thank you."
VOCÊ Obrigado.

DOCTOR "From one to ten, how would you grade your pain?"
MÉDICO De um a dez, qual o grau de sua dor?
YOU "It doesn't hurt much, but it bothers"/"It hurts a lot. Nine to ten."
VOCÊ Não dói demais, mas a dor incomoda/Dói muito. Nove ou dez.

YOU "I have a very bad cold."
VOCÊ Estou com um resfriado horrível.
DOCTOR "When did it start?"
MÉDICO Desde quando?
YOU "I week ago, it has worsened, though."
VOCÊ Uma semana, mas piorou.

YOU "I believe it's something I ate. I have been throwing up."
VOCÊ Acho que foi alguma coisa que eu comi. Estou vomitando.
DOCTOR I'll take a look. Can you please lie down here?"
MÉDICO Vou dar uma examinada. Pode deitar aqui, por favor?
DOCTOR "Does it hurt when I touch here?"
MÉDICO Dói quando toca aqui?
YOU "Yeah!!!! Ouch!!!!"
VOCÊ Dói!!! Ai!!!!

DOCTOR "I'm afraid you'll have to stay in hospital for observation."
MÉDICO Infelizmente você terá que ficar no hospital para observação

BACKPACKER'S ADVENTURE

DOCTOR "I'm afraid we can't let you go. Is anybody with you here?"

MÉDICO Infelizmente não poderemos deixar você ir embora. Tem alguém aqui com você?

YOU "No, there isn't.".

VOCÊ Não, não tem ninguém.

DOCTOR "We'' have to contact someone responsible for you."

MÉDICO Vamos ter que entrar em contato com alguém responsável por você

Practical matters at the hospital

Assuntos práticos no hospital

DESK CLERK "Do you have any international/ local insurance?"

RECEPCIONISTA Você tem algum seguro internacional ou daqui?

YOU: "I'm afraid I don't. How much is the charge?"

VOCÊ Infelizmente não. Quanto estão cobrando?

DESK CLERK "Would you like me to charge your credi card?"

RECEPCIONISTA Quer que eu cobre no seu cartão de crédito?

YOU "Yes, please. How much is my bill so far?"

VOCÊ Sim, por favor. Quanto está a conta até o momento?

DESK CLERK "Who should we contact, just in case?"

RECEPCIONISTA Se for preciso, quem devemos contatar?

YOU "Please contact mr. _____ at number _____ "

VOCÊ por favor, entre em contato com o sr. _____ no número _____

YOU "I'm all by myself here. You'd have to contact my family in Brazil."

VOCÊ Estou completamente sozinho aqui. Você terá que entrar em contato com minha família no Brasil.

DESK CLERK "We need a credit card to charge the hospital bill."

RECEPCIONISTA Precisamos de um cartão de crédito para cobrar a conta do hospital.

DESK CLERK "Is there someone here with you to be responsible for you?"

RECEPCIONISTA Há alguém aqui para ser responsável por você?

YOU "No, there isn't. I'll call someone from my family to come over."

VOCÊ Não tem ninguém. Eu vou ligar para alguém da minha família vir aqui.

Parts of the body vocabulary
Vocabulário de partes do corpo

Head = Cabeça
Forehead = Testa
Nose = Nariz
Mouth = Boca
Lips = Lábios
Ears = Orelhas
Chin = Queixo
Cheek = Bochechas
Members & etc = Membros & etc.
Arms = Bracos
Fingers = Dedos da mão
Nail = Unha
Wrist = Pulso
Elbow = Cotovelo
Leg = Perna
Foot/Feet = Pé/pés
Ankle = Tornozelo
Heel = Calcanhar
Toes = Dedos do pé

BACKPACKER'S ADVENTURE

Body = Corpo
Skin = Pele
Penis = Pênis
Vagina = Vagina
Butt = Bunda
Breast = Seio
Stomach/Tommy = Estômago/abdômen
Neck = Pescoço
Shoulder = Ombros
Knee = Joelho
Back/backbone/spine = Costas/coluna vertebral

VOCABULARY FOR AN EMERGENCY
VOCABULÁRIO PARA UMA EMERGÊNCIA

Acidente	Accident
Ai!!!	Ouch!!!/Ooh!!!
Ai, meu Deus/minha nossa!	Oh dear! Oh jeez (Jesus)
Acontecer/aconteceu	Happen/happened
Ajude-me/Dê uma ajudinha	Help me/help me out
Alguém	Somebody/someone
Alguém responsável/que se responsabilize	Someone responsible for
Ambulância	Ambulance
Ambulatório	ER (Emergency Room)
Arranhão/arranhado	Scratch/scratched
Assalto com agressão física/assaltado	Mug/mugged
Assaltado	Robbed
Bater (o carro)	Crash
Braço	Arm
Cabeça	Head
Cair/caí	Fall/I fell
Capotar	Turn over
Cartão de crédito	Credit card
Chamar/chame	Call
Cobrar	Charge
Conta	Bill/charge
Deitar	Lie down
Doer/está doendo	Hurt/It hurts/I feel pain
Dor	Pain/ache
Dor de cabeça	Headache

119

Dor de dente	Toothache
Dor nas costas	Backache
Estômago	Stomach/tommy
Estou com medo	I'm afraid/scared
Estou perdido (caminho)	I'm lost/I lost my way
Estou perdido/ não sei o que fazer	I'm at my wit's end
Examinar	Check/examine
Família	Family
Gripe	The flu
Hospital	Hospital
Infelizmente	Unfortunatelly/I'm afraid...
Levei um tiro	I have been shot/I was shot
Machucado/hematoma	Bruise
Machucado/ferido	Hurt
Mão	Hand
Me levar	Take me
Médico	Doctor/physician
Mexer	Move
Não aguento mais	I can't take it anymore
Não se mexa	Don't move
Onde?	Where?
Pé	Foot
Perna	Leg
Perigo/perigoso	Danger/dangerous
Perigoso/arriscado	Dangerous/risky
Por favor	Please
Piorou	Got worse/worsened
Preciso	I need
Pressão arterial	Blood pressure
Pronto Socorro/ambulatório	ER (Emergency room/ward)
Pulso	Wrist
Quebrado	Broken
Raio X	X ray
Receita médica	Prescription
Remédio	Medice
Resfriado	A cold
Respirar	Breath
Sangue	Blood
Sangrando	Bleeding
Sentir-se mal/enjoado	Feel sick
Tiro	Shot
Tocar/mexer	Touch
Tornozelo	Ankle
Você pode?	Could/can you?
Vomitar	Throw up/puke/vomit

PART II
Information about countries, visas, culture and business

PARTE II
Informações sobre países, vistos, cultura e negócios

Ainda que sua viagem ao exterior seja temporária, você pode precisar trabalhar por algum tempo, ou talvez queira um trabalho temporário para melhorar o seu inglês praticando-o com falantes nativos da língua.

É possível trabalhar e estudar com o mesmo visto? Quais tipos de vistos cada país oferece? Quais países permitem que estudantes trabalhem? Como é o inglês falado nos diferentes países? Como é sua cultura? Que países exigem vacina de prevenção contra a febre amarela? Veja o que cada país tem a oferecer:

11 **USA**
Estados Unidos

Talvez você sonhe há muito tempo em estudar nos EUA, ou talvez aprender inglês seja o passo seguinte na sua carreira profissional ou estudantil; ou talvez você tenha descoberto que as melhores chances de ganhar conhecimento em uma área específica sejam oferecidas por uma determinada universidade americana. Seja qual for a sua escolha, certamente você encontrará uma região rica em cultura, história, tradições e costumes nos Estados Unidos

Não é possível trabalhar legalmente com o visto de estudante nos Estados Unidos, se você quiser ter um trabalho temporário, terá que sair do Brasil já com um visto próprio para isso.

Temporary Work
Trabalho temporário

Some nonimmigrant visa categories allow a person to work in the United States for a limited time. Algumas categorias de vistos para não imigrantes permitem que uma pessoa trabalhe nos Estados Unidos por um período limitado de tempo.

For the following visa categories, the Department of Homeland Security, U.S. Citizenship and Immigration Services (USCIS) must first approve work petitions.

É preciso que o serviço de imigração e cidadania dos Estados Unidos aprove os pedidos de trabalho para os seguintes tipos de vistos:

- **H Visa for temporary workers**
- H Vistos para trabalhadores temporários
- **L Visa for employees in intra-company transfers**
- L Vistos para trabalhadores transferidos entre empresas
- **O Visa for workers with extraordinary abilities**
- O Visto para trabalhadores com habilidades excepcionais
- **P Visa for athletes and entertainers**
- P Visto para atletas e pessoas na área de entretenimento
- **Q Visa for international cultural exchange visitors**
- Q Visto para visitantes de intercâmbio cultural
- **E Visa for treaty traders and investors**
- E Visto para comerciantes e investidores
- **R Visas of religious worker**
- R Vistos para trabalhadores religiosos

Student Visa (I-20)
Visto de estudante

O visto de estudante para os Estados Unidos (I-20) não permite que você trabalhe. Se você trabalhar com visto de estudante nos Estados Unidos poderá ser preso e mandado de volta ao Brasil

Se você obtiver uma permissão de trabalho (work permit), poderá conseguir o seu "Social security"- SSN- que corresponde ao CPF brasileiro, e com ele em mãos, poderá conseguir trabalhar.

Work & Travel
Trabalho& viagem

Os Estados Unidos oferecem um programa de trabalho exclusivo aos universitários, com duração de três a quatro meses, de acordo com a sua disponibilidade no período entre novembro e março. Em geral, estas categorias de vistos são obtidas como um pré-acordo entre você (ou sua empresa) e a empresa que o está admitindo. Algumas agências de turismo também fazem o "work&Travel exchange program" para universitários, estes vistos normalmente entram na categoria E. Com o visto de trabalho de férias, você poderá trabalhar em restaurantes, supermercados, estações de esqui, lojas etc.

Para obter este visto é necessário contatar uma agência especializada, candidatar-se para uma função e aguardar o recebimento de uma proposta de trabalho detalhada, indicando sua função, horário de trabalho e remuneração, firmada mediante contrato.

O objetivo principal é inserir o participante do programa como membro ativo na sociedade americana, possibilitando a assimilação de uma nova cultura e aperfeiçoamento do idioma no cotidiano de um ambiente de trabalho. O intercâmbio chamado "Work&Travel Exchange Program". É uma experiência de trabalho e de vida.

Talk about your visa and get documentation
Fale sobre seu visto e adquira documentação

I have a Work&Travel visa, and I was hired to work at Rain F. Café for three months. The idea is to learn and practice English.

BACKPACKER'S ADVENTURE

Eu vim pelo intercâmbio e fui contratado para trabalhar no Rain F. Café por três meses. A ideia é aprender e praticar inglês.

How can I extend my visa?
Como posso estender o tempo do meu visto?

Can I change my student visa into a visa I can work?
Posso mudar meu visto de estudante para um visto de trabalho?

Do you know where I can get my Social Security number?
Poderia me dizer onde posso tirar o meu numero de "Social Security"?

Do I need my social security card to get a driver's license?
Preciso do meu cartão de "social security" para obter a carteira de motorista?

Could I have a work permit if I get a job offer?
Eu poderei conseguir uma permissão de trabalho se tiver uma oferta de trabalho?

How can I have a work authorization from the Department of Homeland Security?
Como posso conseguir uma autorização de trabalho do departamento de "homeland security"?

My Social Security has not been issued yet.
O meu "Social Security" não chegou ainda.

I don't have credit history in this state yet.
Eu ainda não tenho histórico de crédito neste estado.

Do I need my Social Security to open an account in this bank?
Preciso do meu "Social Security" para abrir conta neste banco?

How can I get a reward cash card?
Como faço para obter um cartão de banco que me ofereça prêmios?

VOCABULARY ABOUT VISAS AND DOCUMENTATION USA
VOCABULÁRIO SOBRE VISTOS E DOCUMENTAÇÃO EUA

Cartão do banco	Cash Card
Carta/carteira de motorista	Driver's license
Cidadão/cidadania	Citzen/citzenship
Conta bancaria	Bank account
Contratar/admitir	Hire
Emitir/imprimir	Issue
Estender/ficar mais tempo/ renovar visto	Extend visa
Histórico de crédito	Credit History
Imigração	Immigration
Imigrante	Immigrant
Não imigrante	Nonimmigrant
Numero de Identificação Social	Social Security Number
Permissão de trabalho	Work Permit
Poupança/conta de poupança	Savings account
Programa de Intercâmbio	Interchange Program
Programa de trabalho temporário para universitários	Work & Travel Program
Serviço de imigração	Immigration service
Tipos de vistos	Visa Categories
Trabalhadores transferidos entre empresas	Intra-company transfers
Trabalho temporário	Temporary work
Visto	Visa
Visto de estudante	Student Visa

12 The United Kingdom of Great Britain and Northern Ireland
O reino Unido da Grã-Bretanha e a Irlanda do Norte

O Reino Unido é uma união de quatro nações constituintes: **Inglaterra, Irlanda do Norte, Escócia e País de Gales**.É governado por um sistema parlamentar com a sede do governo em Londres,portanto as regras e legislações sobre vistos são as mesmas para todos estes países.

England
Inglaterra

A Inglaterra é o lugar perfeito para viajar se você quiser fazer sua primeira viagem para outro país que não seja os Estados Unidos. Fica relativamente perto, a língua falada é o inglês e há dezenas de lugares e atrações para explorar.

Faça um intercâmbio na Inglaterra e conheça pequenas vilas, arquiteturas históricas, grandes cidades e alguns dos maiores acervos de obras de arte do mundo. A Inglaterra é conhecida por seus times de futebol, música e cena teatral agitadíssima, isso sem contar que é o berço do idioma inglês. Há atrativos para todos nesse país tão diversificado.

How can I live some time in England?
Como morar algum tempo na Inglaterra?

- **To study in London, for example, you will new need an Entry Clearance**
- Para estudar em Londres, por exemplo, você irá precisar de um pré-visto (Entry Clearance)

- **You can ask for a work visa or a student visa. Try an exchange program and get a job as an au pair (easy to get one), or take a postgraduate course, or an English course.**
- Você pode pedir um visto de trabalho ou de estudante. Pode tentar um intercâmbio, emprego de "au pair" (fácil de conseguir), pós-graduação, ou um curso de inglês.

- **It's more difficult to get a work visa, because you need a contract signed by a company in England to get a visa**
- O visto de trabalho é o mais difícil, pois você precisa ter um contrato assinado com uma empresa na Inglaterra para conseguir o visto.

- **To get a student visa you will need to prove you have bought a course in England (first payment) and prove you can afford your stay there during this course.**
- Para obter um visto de estudante você precisa estar matriculado num curso, (pagar a primeira parcela), e provar que tem dinheiro para se manter por lá durante este período.

BACKPACKER'S ADVENTURE

- **Both men and women 18 to 30 years old can apply for an au pair job. With this visa you can only work as an au pair from 6 months to one year.**
- O trabalho de au pair pode ser feito por homens ou mulheres entre 18 e 30 anos. O visto lhe dará direito a trabalhar somente como au pair por seis meses a um ano.

Ireland
Irlanda

A Irlanda é um país bem interessante porque dá oportunidade para que os estrangeiros estudem sem complicações. Uma das vantagens da Irlanda é a possibilidade de tirar o visto diretamente lá. Para o visto de estudante, basta se matricular em um curso e ter algum dinheiro para se hospedar. Além de fazer parte do Reino Unido, a Irlanda também faz parte da União Europeia e por essa razão permite que os estudantes viajem para outros países como Itália, França, Espanha, entre outros.

Além disso, o governo irlandês permite que o estudante trabalhe meio período legalmente visando aperfeiçoar o idioma (Part Time worker) Desde 18 de Abril de 2005, a lei irlandesa permite que estudantes brasileiros matriculados em escolas de inglês com no mínimo 25 semanas de aula e carga horária mínima de 15 horas semanais possam trabalhar legalmente até 20 horas por semana e até 40 horas durante as férias escolares.

E há também os serviços em grandes empresas, principalmente na área de informática (programadores, web designers etc.), mas estes exigem um nível mais alto de inglês. Contudo, a Irlanda não é só Dublin, existem outras cidades maravilhosas tal como Galway, Cork,

Belfast, onde vários estrangeiros vindos de vários lugares do mundo desembarcam em busca de uma simples aventura ou pelo simples prazer de conhecer o "novo".

Ireland's English
O inglês da Irlanda

Segundo os aventureiros, os irlandeses têm a pronúncia muito clara, um "meio do caminho" entre o "americano" e o "inglês". Ninguém terá dificuldade em entendê-los.

No vocabulário, o inglês falado na Irlanda é mais parecido com o britânico, muitas palavras usadas na Irlanda são também usadas na Inglaterra e na Escócia. O irlandês – conhecido como gaélico – também é falado na Irlanda, mas apenas por uma minoria no sul e norte, nas partes mais afastadas da cidade. O irlandês é ensinado nas escolas, mas a língua predominante é o inglês.

Veja página 214 para expressões do inglês Irlandês.

Check the exchange agencies
Verifique as agências de intercâmbio

Se você for estudar na Irlanda através de uma agência, verifique sempre:

- se esta agência é cadastrada na Belta **(www.belta. com.br)**, uma espécie de associação que regula todas as agências de intercâmbio registradas (agency registered in Belta)
- direitos e necessidades em relação à família com a qual vai se hospedar. Você tem direito de fazer suas exigências, por exemplo, que eles não fumem, você

gosta da família com a qual vai se hospedar? (Do I like the family I'm going to live with?)

- procure saber se na escola há muitos brasileiros para que você não caia na armadilha de passar seu tempo falando português, em vez de praticar inglês (only brazilians in the school? Am I really going to speak English there?)

- leve em consideração que este valor indicado pelo curso não inclui ainda a passagem aérea de estudante, válida por um ano (tickets are not included in the course) Um blog sugerido pelos aventureiros para pegar informações na internet é o **http://turismoevariedades.blogspot.com**

Scotland
Escócia

A Escócia é famosa por muitos motivos, um deles são as lindas paisagens encontradas nas terras altas (highlands). Não só pela beleza natural, mas também pela cultura local que ainda é muito forte nesta área, a cultura celta.

É possível encontrar grandes cidades, com uma identidade cultural muito forte, que só os escoceses têm. Conhecida por ter os melhores e mais finos maltes e uísques do mundo, este pequeno país, ao norte da Inglaterra, esconde belezas raras, como Loch Ness e o monstro que nele habita; Loch Lomond é um dos maiores lagos em extensão e todos os castelos medievais lá são mantidos com muito orgulho e tradição.

A vida cultural também é muito agitada. Ao lado do castelo de Edimburgo, por exemplo, fica a avenida mais badalada desta cidade, com todas as lojas de marcas famosas, bons restaurantes, museus e discotecas. Tudo em perfeita harmonia.

Scottish English
O inglês escocês

Na Escócia, eles falam um inglês bastante diferente do inglês falado na Inglaterra. Como uma forma de assegurar a identidade de sua língua, o inglês escocês é único.

SCOTTISH EXPRESSIONS

THATSNAEBORRA. **It is no bother to do this.**
Não se preocupe em fazer isso.

GEESABREAK. **I am running out of patience with you.**
Estou perdendo a paciência com você.

HOWZITGAUN? **How are you today?**
Tudo bem com você?

WHITASMATHER. **Isn't that lady delightful?**
Ela não é uma garota bacana?

GONNAEPIRRITINAPOKE? **Could you please put this in a bag?**
Poderia colocar numa sacola?

GERRUPTHEWEANSGREETIN. **Please go and check on the baby, I hear it crying.**
Você pode dar uma olhada no bebê que está chorando?

KINYEGEEMESUMTHINFURRIT. **I have a terrible pain and I would like something to take it away.**
Tem alguma coisa para passar esta dor terrível?

BACKPACKER'S ADVENTURE

HAWDOANAMINUTAMDAINSUMTHIN. Please wait for a minute until I finish this.
Só um minuto, já estou terminando

WITDAEYEWANTNOO? What is it you want me to do now?.
O que quer que eu faça?

ARYEGONYGOTAETHEBROOANDSIGNOAN? Are you going to go to the Social Security offices today?
Vai ao Poupatempo hoje?

MAHEIDISNIPPINTHEDAYNEVERAGAIN. My head is really sore today, I don't think I will drink again.
Estou com ressaca, não vou beber novamente.

THATBEVYWISTAEMUCHFERME. That alcoholic beverage was really quite strong.
A bebida estava muito forte.

GOANGETUSAWEEPOKEYHATATTHEVAN. Please get me an ice cream cone from the ice cream man.
Compre um sorvete para mim.

Veja página 224 apêndice sobre vocabulário escocês.

Wale

País de Gales

Este é o lugar perfeito para caminhadas, (walking outdoors/backpacking), ciclismo (biking/mountain biking), aventuras como mergulho, bote (diving, rafting), escaladas (mountain climbing). Há muita aventura por lá.

What language do they speak in wales?
Que língua falam no País de Gales?

80% da população do País de Gales fala inglês, e apenas 20% fala Gaulês (Welsh) A gramática gaulesa influencia bastante o inglês falado neste país. A pronúncia varia muito, dependendo da região.
eg. "Dwi'n compiwtio fo rwan", significa "I'm computing it now". Estou computando/processando isso agora

UK Visa Types
Tipos de vistos para o Reino Unido

Em 2008, O Reino Unido reformulou seu sistema de imigração e condensou os vários tipos de vistos já existentes em cinco categorias. (além do visto para turistas)

Tier 1: Highly skilled individuals – Para pessoas altamente especializadas que possam contribuir para o desenvolvimento e produtividade no Reino Unido.
Tier 2: Skilled workers – Trabalhadores especializados que possam oferecer trabalhos que preencham lacunas no Reino Unido.
Tier 3: Limited numbers of low skilled – Número limitado de trabalhadores necessários para preencher vagas.
Tier 4: Students – Estudantes
Tier 5: Youth Mobility and temporary workers – Jovens para trabalhos temporários para satisfazer objetivos não econômicos

BACKPACKER'S ADVENTURE

Can I work in the United Kingdom?
Posso trabalhar no Reino Unido?

- **If you have a European Passport, you can get a job without privious authorization from the Immigration Services**
- Se você tiver passaporte de um país da União Europeia, poderá trabalhar sem a necessidade de autorização do Departamento de Imigração.

- **If you have a Brazilian passport, you need to be hired by a British company (they have to send you an official letter proving you have been hired) to be able to work in the UK. Also, if you are going to work as a volunteer. You'll need a work permit.**
- Se você tiver um passaporte brasileiro, só poderá trabalhar se tiver sido contratado por uma empresa britânica (esta deve enviar a você, uma carta oficial comprovando sua contratação) ou se for trabalhar como voluntário. Em qualquer um dos casos,você precisara de uma permissão de trabalho.

- **If you have a student Visa, you can have a part time job (20 hours a week) for as long as your course lasts, or full time when you are on holidays.**
- Se tiver visto de estudante, poderá trabalhar meio período (até 20 horas semanais) durante o ano letivo ou enquanto durar seu curso, e em período integral durante as férias.

What type of part-time work can I do?
Que tipo de trabalho de meio período posso fazer?

Dependendo das suas habilidades individuais, as áreas mais procuradas são:

Escritório **(clerical work)**
Limpeza **(cleaning jobs)**,
Lojas **(shop work)**
Centrais de atendimento **(call centre jobs)**
Trabalhos manuais **(manual work)**
Fábricas **(factory work)**
Empregos em restaurantes, bares e hotéis
(restaurant, bars and hotel jobs)

É possível também encontrar um emprego relacionado a sua área de estudos. Você pode encontrar ajuda na internet através do site **www.jobshop.com** ou **www.careers.brad.ac.uk/jobshop.** ou também nos jornais locais.

Lembre-se de que neste caso é muito importante saber bem inglês, pois você estará competindo com os estudantes do país. A sugestão é que você comece a procurar emprego o mais rapidamente possível, já no outono (não espere as férias de verão).

How much will I be paid?
Quanto me pagam?

No Reino Unido, legalmente, todos os empregados têm de receber um salário mínimo (minimum wage) que atualmente é de:

- £5.52 por hora por trabalhadores acima de 22 anos de idade
- £4.60 por hora para trabalhadores entre 18-21 anos de idade.

How many hours can I work in the UK?
Quantas horas posso trabalhar no Reino Unido?

• As a student, you can work no longer than 20 hours a week, except for sandwich placement or internship
Como estudante, você não pode trabalhar mais do que 20 horas por semana, exceto em caso de colocação de alguma vaga ou estágio.

• There are severe penalties for working more hours than it's allowed, you might have to leave the country.
As penalidades por trabalhar mais que as horas permitidas são severas e você pode ter que deixar o país.

Alguns empregadores podem não conhecer a regulamentação para o emprego internacional de estudantes, então é bom ter em mãos uma cópia do guia internacional de emprego para estudantes que fica disponível nos Postos de Serviços de desenvolvimento *International Students – Employers Guide'*.

Will I have to pay tax?
Vou ter que pagar imposto?

Todas as pessoas com certa renda anual têm de pagar impostos no Reino Unido. (Income tax to the government HM Revenue & Customs)

Todos os empregados do Reino Unido têm de pagar o Seguro Nacional (National Insurance). É um número pessoal de referência usado pelo Imposto de Renda (HM Revenue and Customs). Para obtê-lo você precisa marcar uma hora no escritório próprio (Allocation Office) com o seu passaporte (passaport), comprovante de endereço (Proof of your UK address), e o contrato do empregador, incluindo dados como: pagamento, horário e duração do contrato (A letter or contract from your employer saying when you received your job offer /started work, the hourly rate of pay and duration of employment)

How to apply for a job

Como se candidatar um trabalho

I am a student here, and I'm looking for a part-time job. Have you got any positions available?
Sou estudante e estou procurando um emprego de meio período. Tem alguma vaga disponível?

I saw your advertisement in the newspaper today. Are you still looking for clerks/cleaners/workers?
Eu vi seu anúncio no jornal hoje. Ainda estão procurando pessoas para trabalhar em escritório/para limpeza/empregados?

I'm job hunting for spring/summer break. Have you got an application, please?
Estou procurando emprego para as férias da primavera/verão. Poderia me dar um formulário, por favor?

BACKPACKER'S ADVENTURE

Excuse me. Could I talk to the manager, please? I'd like to know if you are currently hiring and if you could give me an application form
Com licença, Eu poderia falar com o gerente, por favor? Eu gostaria de saber se vocês estão contratando no momento e se poderiam me dar um formulário.

Excuse me. I saw your "now hiring" sign in your window, and I'd like to apply for the job
Com licença. Eu vi o anúncio de emprego na vitrine e gostaria de me candidatar.

Hi, my name is _____ and I was wondering if you're hiring/will be hiring soon?
Oi, meu nome é _____ e eu gostaria de saber se vocês estão contratando/estarão contratando em breve?

APPLICATION FORM FOR A JOB
Formulário de emprego

To complete an application form, you will need the following information:
Para preencher um formulário de emprego, você vai precisar das seguintes informações:

- **National Insurance number** (aquele número que é semelhante ao seu CPF no Brasil)
- **Exam results or predicted grades** (resultado de provas escolares ou notas)
- **Details and dates of any relevant work experience** (detalhes e datas de expêriencia de trabalho relevantes)

- **Details of any other training you may have undertaken** (detalhes de algum outro treinamento que você tenha feito)

IMPORTANT TIPS FOR A JOB INTERVIEW
Dicas importantes para uma entrevista de trabalho

- **Never arrive late** (Nunca chegue atrasado)
- **Turn off your cellphone** (Desligue seu celular)
- **What's the dress code in this company?** (Observe se na empresa vestem terno, tailleur ou casual e vista-se adequadamente para a entrevista)
- **Research the company:** (Faça uma pesquisa sobre a empresa)
- **Come prepared with questions** (Prepare-se para as perguntas)
- **What do they do/produce?** (O que eles produzem?)
- **Where is their head office located? Do they have other offices? Where?** (Onde é o escritório principal? Existem outros escritórios? Onde?)
- **How can you contribute to the company?** (De que modo você poderá contribuir para a empresa?)
- **What position do you have in mind?** (Qual posição você pretende?)
- **How much do you expect to make?** (Qual sua pretensão salarial?)
- **Can you schedule the job around my classes?/ can I work weekends?** (O horário do trabalho é compatível com o da escola?/ Posso trabalhar nos finais de semana?)

Get prepared for the job interview
(Prepare-se para a entrevista de trabalho)

Dicas para uma entrevista (Interview tips) Prepare-se para responder perguntas sobre você mesmo(a), seus estudos/educação escolar e sobre sua experiência na área. Se você ainda não tem nenhuma experiência, fale de suas boas notas no colégio, do trabalho em equipe, seus melhores trabalhos e pesquisas, também sobre sua liderança, sua vontade de batalhar e ser independente etc. Seja verdadeiro e seguro em suas respostas, fale a verdade e evite entrar em contradição. Jamais diga algo negativo e, mesmo que tenha motivos, nunca fale mal de seu emprego anterior. Diga apenas o quanto aprendeu e sobre a experiência que adquiriu.

Se você não foi o melhor aluno na escola, se teve problemas nos seus empregos anteriores, este não é o melhor momento para lembrar. Pense sempre em ser positivo, mostrar suas qualidades. Lembre-se de suas habilidades e das coisas que melhor sabe fazer, por exemplo, você pode não ter a melhor formação acadêmica, mas talvez seja um ótimo comunicador e por esta razão tenha talento para trabalhar com o público; ou talvez seja uma pessoa quieta, e por isso seja uma pessoa centrada no que faz.

INTERVIEW 1 (If you are a student with no experience or specific qualifications)
ENTREVISTA 1 (Se você estiver estudando e não tiver experiência nem qualificação específica)

INTERVIEWER "Why did you come to England?"
ENTREVISTADOR Por que veio para a Inglaterra?

you "I came here to study and improve my English, and to get some experience abroad"

você Eu vim para estudar e melhorar meu inglês, e adquirir experiência no exterior.

INTERVIEWER "Can you understand everything I say?"

ENTREVISTADOR Consegue entender tudo o que eu digo?

you "Yes, sir/almost everything. I believe I'll pick up the language as I listen and meet people from here"

você Sim, senhor/quase tudo. Eu acredito que vou aprender à medida que for escutando e encontrando pessoas daqui.

INTERVIEWER "Where are you from? How long have you been here?"

ENTREVISTADOR De onde você é? Há quanto tempo está aqui?

you "I'm from Brazil. I've been here for three weeks/months"

você Sou do Brasil. Estou aqui há três semanas/meses.

INTERVIEWER "What time are you available?"

ENTREVISTADOR Qual seu tempo disponível?

you "I can work afternoons/every evening/at weekends"

você Posso trabalhar à tarde/todas as noites/nos finais de semana.

INTERVIEWER "How much do you expect to make?

ENTREVISTADOR Qual sua pretensão salarial?

you "I could start with minimum wage"

você Eu poderia começar com um salário mínimo.

you "Do you offer any kind of training?

você Vocês oferecem treinamento?

INTERVIEWER "Yes, Our manager will train you for the first week, so don't hesitate to ask."

ENTREVISTADOR "Sim, nosso gerente irá treiná-lo na primeira semana, então não hesite em perguntar.

you "I think I can do that."

você Acho que consigo.

BACKPACKER'S ADVENTURE

INTERVIEWER **"When can you start?"**
ENTREVISTADOR Quando poderá começar?
YOU "I can start now/tomorrow/next week"
VOCÊ Agora mesmo/a partir de amanhã/na semana que vem

INTERVIEW 2 Talk about you and school
ENTREVISTA 2 Fale sobre você e a escola

YOU "I'm 18 (eighteen) years old; I've just passed my exams.
VOCÊ Eu tenho 18 anos, e acabei de me formar no colégio.
YOU "I came here to study and practice English, and I think working is a good way to learn English and earn some experience abroad!
VOCÊ Vim aqui para estudar e praticar inglês e acho que trabalhando será uma ótima maneira de aprender inglês e ganhar experiência no exterior.
INTERVIEWER **"Do you have any experience working as a _____ ?"**
ENTREVISTADOR Você tem experiência como _____ ?
YOU "I really don't, but I'm willing to learn."
VOCÊ Acho que não, mas quero aprender.
YOU "Actually, I was "an A student" at school, I've always earned the best marks for my papers"
VOCÊ Na verdade eu fui um ótimo aluno e sempre tirei as melhores notas nos meus trabalhos no colégio.
YOU "I have good leadership skills, and working in a team was my strong point at school"
VOCÊ Eu tenho talento para liderar, e trabalhar em equipe era meu forte.
YOU "I really like challenges and I'd like to have a chance to learn from new experiences."

143

você Eu gosto muito de desafios e gostaria de uma chance para aprender com experiências novas.

INTERVIEW 3 Talk about your previous job and experience

ENTREVISTA 3 Fale sobre seu emprego anterior e sua experiência

you "I had an accounting internship /and internship/ residency in a hospital back in Brazil."
você Eu trabalhei como estagiário em contabilidade/fiz residência no hospital quando morava no Brasil.
you "My responsibilities were to take care of _____ and offer _____ to subsidiaries/clients."
você Minhas responsabilidades eram cuidar de _____ e oferecer _____ as subsidiárias/aos clientes.
INTERVIEWER "Why did you leave this job?"
ENTREVISTADOR Por que saiu desse emprego?
you "I thought I needed to study further and learn some more English, so I decided to spend some time abroad studying and working."
você Eu achei que precisava estudar mais e aprender inglês, então decidi passar um tempo fora para estudar e trabalhar.
INTERVIEWER "How long do you intend to stay?"
ENTREVISTADOR Quanto tempo pretende ficar?
you "Six months at first; however I do have plans to extend my visa for another six months."
você A princípio seis meses, mas tenho planos de estender meu visto para mais seis meses.
INTERVIEWER "Where do you see yourself 5 (five) years from now?
ENTREVISTADOR Onde você se vê em cinco anos?

BACKPACKER'S ADVENTURE

YOU "I could be right here working for this company/ hospital as a manager/director/doctor."

VOCÊ Eu poderei estar bem aqui, trabalhando para esta empresa/hospital com gerente/diretor/médico.

YOU "I see myself back in Brazil in a managerial position at a big company."

VOCÊ Eu me vejo no Brasil, numa posição de gerência em uma grande empresa.

INTERVIEWER **"What do you consider your strongest point?"** Entrevistador: Qual seu ponto mais forte?

YOU "I believe my strongest point is my leadership; at the same time, I'm also a person who listens and learns from my mistakes."

VOCÊ Acredito que meu ponto mais forte seja a minha liderança, também sou uma pessoa que sabe escutar e aprendo com meus erros.

INTERVIEWER **"How can you contribute to this company/ hospital?"**

VOCÊ Como você pode contribuir para esta empresa?

YOU "I have some experience in this area, as I've worked for _____ and _____ (name of the companies) for _____ years."

VOCÊ Tenho experiência nesta área, trabalhei para _____ e para _____ (nome das empresas) alguns anos.

YOU "I've got some ideas that could contribute to this company. Also I'll continue to study so that I can help better."

VOCÊ Tenho algumas ideias que poderão contribuir para esta empresa. Também quero continuar estudando e assim poderei contribuir ainda mais.

VOCABULARY TO STUDY & WORK IN THE UNITED KINGDON

VOCABULÁRIO PARA ESTUDAR E TRABALHAR NO REINO UNIDO

Anúncio	**Advertisement**
Anúncio de emprego	**Now hiring sign**
Atrasado	**Late**
Au Pair (ser babá e fazer trabalhos leves na casa de alguém)	**Au Pair**
Candidatar-se	**Apply for**
Curso	**Course**
Carta oficial	**Oficial letter**
Disponível	**Available**
Entrevista	**Interview**
Empregar/admitir	**Hire**
Emprego/trabalho	**Job**
Escocês	**Scottish**
Especializado	**Skilled**
Espera (expectativa)	**Expect**
Estágio	**Internship**
Formulário	**Application form**
Ganhar dinheiro	**Make money**
Gaulês	**Wesh**
Gerente	**Manager**
Habilidade	**Skill**
Horas de trabalho	**Working hours**
Imposto	**Tax**
Imposto de renda	**HM Revenue and Customs**
Irlandês	**Irish**
Liderança	**Lidership**
Meio período	**Part-time**
Notas escolares	**Marks**
Pagar	**Pay**
Passaporte	**Passaport**
Passaporte da União Europeia	**European passport**
Passei de ano	**Passed my exams**
Penalidades	**Penalties**
Permissão de trabalho	**Work Permit**
Pré-entrevista	**Entry Clearance**
Quanto?	**How Much?**

BACKPACKER'S ADVENTURE

Receber dinheiro/ser pago	**Be paid**
Salário	**Wage**
Salário mínimo	**Minimum wage**
Tempo disponível	**Available time**
Trabalhar/trabalho	**Work**
Vagas de trabalho	**Positions**
Visto de estudante	**Student visa**
Voluntário	**Volunteer**

13 **Canada**
Canadá

Por que estudar no Canadá? Muitos estudantes preferem estudar no Canadá, onde os preços dos cursos parecem ser mais moderados, em comparação aos Estados Unidos e Inglaterra. Há também maior facilidade para obter um visto. Muitos também preferem o sotaque inglês canadense ao sotaque britânico e irlandês.

Entretanto, o Canadá não permite que se trabalhe legalmente com o visto de estudante, o que já é possível no Reino Unido. A pessoa com visto de estudante ou residente temporário não pode trabalhar fora do campus da instituição em que está estudando a não ser que possua uma permissão do governo para o trabalho. O único trabalho permitido para estudantes são trabalhos voluntários ou estágios não remunerados.

Para os estudantes que estão cursando escolas/universidades públicas é permitido trabalhar fora do campus por uma determinada carga horária, após seis meses do início do curso.

Qualquer trabalho que não se encaixe no que foi citado acima é ilegal.

Você poderá pedir informações aos funcionários da escola em que estiver estudando, que poderão ajudá-lo (a) em dúvidas sobre como trabalhar legalmente no Canadá.

Visitor or Student Visa?

Qual visto devo tirar: visitante ou estudante?

If you intend to stay in Canada for a time shorter than 6 (six) months, you can get a Visitor Visa. This visa is good for tourism and it also allows you to take a course during this time.
Se você pretende ficar no Canadá por um período menor do que seis meses, você deve tirar o visto de visitante. Esse visto serve tanto para turismo, como para fazer cursos de curto período (menor que seis meses).

If you plan to study for more than six months, you should get a Student Visa. For this visa, they request you take medical examinations in offices appointed by the Canadian Consulate in Brazil.
Caso seus planos sejam estudar por mais de seis meses, você deve pedir o visto de estudante. Esse visto exige que o candidato faça exames médicos em consultórios indicados pelo próprio Consulado Canadense no Brasil.

If you go to Canada with a Visitor Visa, you cannot change it for a Student Visa. In this case, you'd have to come back to Brazil to change your visa (or to the United States, if you have a valid visa to this country)
Se for para o Canadá com visto de visitante você não poderá trocá-lo por um de estudante. Neste caso você teria que voltar ao Brasil para trocar de visto (ou ir para os EUA, caso você tenha visto norte-americano válido).

Get information and opinions about where to study and stay

Informações e opiniões sobre onde estudar e ficar

I've been studying English in Brazil for a while and now I'd like to be an exchange student to study English (at least one year abroad). What is the best place to go?

Já faz um tempo que estou estudando inglês e agora eu gostaria de fazer um intercâmbio cultural para aprimorar a língua (ficar pelo menos um ano fora). Qual o melhor lugar para ir?

I really like Canada. In some cities, they are bilingual. I think this is a very cultural country, with rigorous environmental laws. It's easy to understand and learn their accent.

Eu gosto muito do Canadá. Algumas cidades são bilíngues. Esse país é muito cultural, com rigorosas leis ambientais. E é fácil entender e aprender o sotaque deles.

I think the best is to live some time in a country where they speak English as their native language, so you'll be practicing it everyday

Eu acho que o melhor é morar um tempo em um país onde eles falam inglês como língua nativa, aí você irá praticar todos os dias.

BACKPACKER'S ADVENTURE

What is the best place to live and study in Canada?

Qual o melhor lugar para morar e estudar no Canadá?

I really like Toronto/Vancouver. There are a number of schools with programs where they teach English for foreigners there; they teach grammar in the morning and offer practice in the afternoons.
Eu gosto muito de Toronto/Vancouver. Há várias escolas com programas que ensinam inglês para estrangeiros lá; eles ensinam gramática pela manhã e oferecem prática no período da tarde.

I've never been to Vancouver, but I think Montreal is the best city in my country.
Nunca fui para Vancouver, mas eu acho que Montreal é a melhor cidade no meu país.

Why is it so special?
Por que você a acha tão especial?

I think Montreal is special because it has a lot of history, and a lot of old buildings and it feels like Europe, but there is still a lot of modern things going on. Also, the FrenchCanadian culture is there, very multi-cultural. It's got a lot of different things going on there.
Eu acho que Montreal é especial porque tem muita história, e várias construções antigas, parecidas com as da Europa, mas também tem muitas coisas modernas acontecendo. Existe a cultura francesa no Canadá,bastante multicultural. Acontece um pouco de tudo lá.

I think Toronto is a good city just because it is my hometown. There are not many big cities in Canada, but I also like Halifax, which is on the east coast of Canada. There's really strong Celtic culture on the east coast; lot of the descendants are from Ireland or Scotland, so it's interesting

Eu acho Toronto uma bela cidade porque é a minha cidade. Não há muitas cidades grandes no Canadá. Também gosto de Halifax, que fica na costa leste, .onde existe uma grande influência da cultura celta. Há vários descendentes de irlandeses e escoceses. É bem interessante.

Which cities in Canada are primarily English speaking?

Quais cidades do Canadá têm o inglês como língua principal?

Canada is a bilingual country with English and French as two official languages. However, Quebec is the "only" Canadian province with a predominantly French speaking population and the only one whose sole official language is French

O Canadá é um país bilíngue. O inglês e o francês são as duas línguas oficiais. Mas Quebec é a "única" província canadense onde a população fala francês como língua predominante e a única onde a língua oficial é somente o francês.

With the exception of Quebec City and Montreal, all the larger cities in Canada are primarily English. However, you also need to consider things like lifestyle choices (such as cultural amenities), climate, cost of living, job opportunities, etc. Canada

is a big country, and the French speaking majorities are generally only in Quebec.

Com exceção das cidades de Quebec e Montreal, todas as grandes cidades do Canadá falam mais o inglês como primeira língua. Entretanto, você também precisa considerar coisas como estilo de vida (amenidades culturais), clima, custo de vida, oportunidades de trabalho etc. O Canadá é um país grande, e a maioria dos que falam francês realmente está em Quebec.

Is it possible to change my tourist visa into a student visa, or any other type of visa?

É possível trocar meu visto de turista por um visto de estudante ou outro tipo de visto?

If you are in Canada, you have to exit the country to get a new visa

Se você estiver no Canadá, terá que sair do país para pegar outro visto.

Unfortunately, if you are in Canada or the United States, you can not change your student visa (F1),which is one of the very few which you can not change into while still in the country. F1 visas can only be issued at an Embassy or Consulate abroad.

Infelizmente, se você estiver no Canadá ou nos Estados Unidos e se tiver um visto de estudante (F1), que é um dos poucos que não podem ser trocados enquanto ainda estiver nos país, não pode mudar. Os vistos F1 só podem ser concedidos na embaixada ou consulado fora do país.

What kind of jobs don't require a work permit in Canada?

Que tipos de trabalho não requisitam permissão no Canadá?

Some temporary jobs in Canada may not require a work permit:
Alguns trabalhos temporários não requerem uma permissão de trabalho.

- **Business visitors/Foreign representative** (Visitantes a negócios/representantes estrangeiros)
- **Students working on campus** (Estudantes que trabalhem no campus da escola)
- **Performing artists** (Artistas)
- **Athletes and coaches** (Atletas e treinadores)
- **News reporters** (Repórteres)
- **Public speakers** (Apresentadores/locutores)
- **Convention organizers** (Organizadores de convenções)
- **Clergy** (Clérigo)
- **Crew members** (Membros de uma tripulação)
- **Emergency service providers** (Provedores de serviços de emergência)

Most frequently asked questions and the adventurer's answers

Perguntas mais frequentes e respostas dos aventureiros

I'd like to know what I should take with me to a trip to Canada
E gostaria de saber o que devo levar comigo a uma viagem para o Canadá.

BACKPACKER'S ADVENTURE

It's summer in Canada right now. If you are coming to the west coast, I read in the weather news that the temperature is between 11 and 20 centigrade, so it's the same average temperature of São Paulo. I would take a coat just in case.

Agora é verão no Canadá. Você está indo à costa Oeste. Eu li no climatempo que a temperatura lá está entre 11 e 20 graus centígrados, é a mesma temperatura média de São Paulo. Eu levaria um casaco, porque você pode precisar.

I'm going to Canada for the first time, and I'd like to know about your experience there.

Estou indo para o Canadá pela primeira vez e gostaria de saber suas experiências lá.

I was in Vancouver some years ago and I met Brazilians there too. The country is open to immigration, but the law asks 300 thousand Canadian dollars for a legal visa. A friend of mine is in this program.

Eu estive em Vancouver há alguns anos e tive contato com brasileiros . O país está aberto à imigração, mas as leis exigem 300 mil dólares canadenses para a entrada legal. Tenho um amigo que aderiu a esse programa.

Vancouver was elected the best city in the world to live in the past. In 2010 there will be the winter Olympic games there.

Vancouver já foi eleita a melhor cidade do mundo para morar. Em 2010 haverá a Olimpíada de inverno lá

VOCABULARY ABOUT CANADA
VOCABULÁRIO SOBRE O CANADÁ

Bilíngue	Bilingual
Consulado	Consulate
Descendentes	Descendants
Emitido	Issued
Estudar	Study
Exame médico	Medical Examination
Imigração legal	Legal immingration
Indicado	Appointed
Melhor lugar	Best place
Meses	Months
Morar	Live
Permissão de trabalho	Work Permit
Permite	Alows
Pretende	Intend/plan
Principalmente	Primarily
Requer	Requests
"Rolando"/acontecendo	Going on
Trabalho/emprego temporário	Temporary job
Um tempo	A while
Visto de estudante	Student Visa
Visto de turista	Visitor Visa
Voltar	Come/go back

14 Australia
Austrália

A Austrália é o único país do mundo a ocupar somente um continente, É uma terra de contrastes, com os mais diferentes climas e uma flora e fauna própria. Este país tem uma reputação internacional por ser seguro e amistoso. O inglês é a língua oficial, com sotaque e expressões próprios.

Não se esqueça de que a Austrália está entre os países que requerem vacinação contra a febre amarela (Yellow Fever vaccine).

Study and work in Australia: Work and make money as an Exchange student

Estudar e trabalhar na Austrália: trabalho remunerado no intercâmbio

Se você tem entre 18 e 30 anos, pode morar e trabalhar na Austrália por até um ano através do visto **Working Holiday Maker**. No entanto, existem algumas restrições; por exemplo, você só pode trabalhar para o mesmo empregador por até três meses; a intenção é que o trabalho seja "casual". Comece o processo de inscrição on-line nesse site **(http://www.immi.gov.au/index.htm)** do governo australiano. O visto permite ficar na Austrália por até um ano e você pode retornar durante esse período.

A intenção do visto é permitir que você possa viajar pela Austrália, conhecendo as belas paisagens e aproveitando o país enquanto ganha alguns dólares para manter-se lá.

Why do I have to take an intensive course in Australia?

Por que o curso na Austrália tem de
ser intensivo?

Você pode aprender inglês como parte de um curso oficial que prepara em diversos níveis e é reconhecido por autoridades de ensino e imigração em todo o mundo.

Australia requires that all courses to be intensive, so that you have the chance to visit the country.
Por determinação exclusiva da imigração, os cursos são intensivos para que você tenha a chance de visitar a Austrália.

You cannot take part of the program to work in Australia if you don't have a student visa. The average wage is AUS$6 e AUS$10 per hour.
Sem o curso, você nem mesmo recebe o visto de estudante, indispensável para o programa. A média de salário é entre AUS$6 e AUS$10 dólares australianos por hora.

To get a student visa for Australia you need to fill the requirements and attend school regularly as well as have good grades during your course in Australia
Para conseguir um visto de estudante você deve preencher os requisitos do visto e cumprir com um número de condições de comparecimento e desempenho durante seu curso na Austrália.

BACKPACKER'S ADVENTURE

Para trabalhar na Austrália, o interessado deve possuir: Visto de estudante (student visa) com permissão de trabalho (work permit). E poderá trabalhar até 20 horas por semana.

Get information about the courses – exchange student's doubts

Pegue informações sobre o curso - As dúvidas de quem vai fazer um intercâmbio

I'd like to know if any of you has taken the ELC/ ACE/M. College course in Australia. What are the advantages and disadvantages? What agency did you use? I'm thinking of going to Austrália next year
Gostaria de saber se algum de vocês já fez o curso na ELC/ACE/M.College na Austrália. Quais são as vantagens e desvantagem dos cursos? Que agência vocês usaram? Estou pensando em ir para a Austrália no ano que vem.

Have you ever used this agency for foreign exchange www.xxxxxexterior.com.br???
I was about to sign a contract with them, when some doubts came to mind.
I'm happy with their price, but I fear that old saying "things are not always as good as they seem"
Alguém já fez ou conhece alguém que já tenha feito intercâmbio com esta agência www.xxxxxexterior. com.br???
Estou para contratar um intercâmbio com eles, mas essas dúvidas surgiram na minha cabeça!
O orçamento que recebi me deixou satisfeito, mas tenho medo daquela história de "o barato sai caro".

I'd like to get some information about courses in Australia, including lodging, meals, school books, and whatever is necessary for a 6-month course.
Gostaria de obter informações sobre o preço de um curso de inglês na Austrália, mais hospedagem, alimentação, material escolar, enfim tudo que é necessário, para m curso com duração de seis meses.

I'd like to be an exchange student and I'd be happy if you could give me some ideas of where to go and tell me your experiences abroad. What are the fees? How old do you have to be?
Queria fazer um intercâmbio. Gostaria que me dessem algumas ideias de aonde ir e me contassem sobre suas experiências no exterior. Qual a idade mínima?

I'd like to go to Australia as an exchange student. I need to know how much it would cost, and whether the agency provides lodging. I am studying to be a nurse and I'd like to know if it's possible to get an internship in my area to make some money.
Gostaria de fazer um intercâmbio para a Austrália. Preciso saber quanto isso custaria e se a agência também consegue hospedagem. Estou estudando enfermagem e gostaria de saber se é possível conseguir estágio remunerado nesta área.

I'd like you to send me cost information for student exchange in Australia (name of the country). I plan to stay in downtown Sydney (name of the city) and take a course for 24 weeks (number of weeks you are staying). Please include prices of lodging for one month (how long), tickets, and fees. I'm looking forward to your reply. Thank you.

Gostaria que vocês me enviassem um orçamento de intercâmbio para a Austrália (nome do país). Vou ficar em Sydney (nome da cidade) e quero fazer curso de inglês no centro da cidade, durante 24 semanas (indique a duração do curso). Se possível incluam neste orçamento: estada por um mês (quanto tempo de estada), passagem aérea, e todas as taxas da agência. Aguardo resposta. Muito obrigado(a).

I'm planing to be an exchange student in Australia/ Canada/New Zeland, but I have no idea how to do that. Do you know any agency I can trust? Could you please inform me about the cheapest agencies? I am 40 years old and I'd like to know if it's possible to be an exchange student at my age.
Gostaria de fazer um intercâmbio e não tenho a menor ideia de como fazer. Você sabe de alguma agência de confiança? Gostaria, se possível, de saber quais as agências com tarifas mais em conta e também se uma pessoa que tem 40 anos pode fazer intercâmbios.

Backpacker's and adventure's tips over the internet for an exchange student

As dicas dos mochileiros e aventureiros pela internet para quem quer fazer intercâmbio

I was in Canada as an exchange student to study English for a month, however I noticed it became more expensive than I had planed. So, work and study– get a visa to work and study at the same time, so you can handle your expenses
Eu fui fazer intercâmbio no Canadá para estudar inglês durante um mês, entretanto percebi que isso se tornou mais caro do que planejei – solução:

work and travel – pegue visto para trabalho e estudo ao mesmo tempo, pois dessa forma você pode amenizar os gastos.

I believe you should start by taking an English course (it's never enough in any situation), after that, start researching where you want to go (check city conditions, college, what people are like, characteristics of the place, customs, etc.). It's also very important that you have the support of your family, talk it over with them
Eu acredito que você deve começar a fazer um curso de inglês (isso nunca é demais em qualquer situação), depois comece a pesquisar sobre onde pretende ir (condições da cidade, universidade, como são as pessoas, os lugares, os costumes etc.). O apoio da família também é muito importante, converse com eles.

I went to Vancouver-Canada – and just loved it! I studied at the I. International Institute, it's very good...you learn fast and they give special attention to foreigners (they even have a program for tours when you are not studying) I took classes daily from 9:00 am to 3:30 pm
Eu fui para Vancouver – Canadá e amei! Estudei na I. International Institute, muito boa... Aprende-se muito rápido e eles são superatenciosos com os estrangeiros (tem até programa de passeios em horários fora da aula). Fiz aulas intensivas das 9h00 até as 15:30h diariamente.

BACKPACKER'S ADVENTURE

My name is Eduardo P. and I'd like to say that I've been working for a school in Sydney, Australia. It's called SIEC, it's a new school with great facilities. And they give special attention to South American students
Meu nome é Eduardo P. e gostaria de comunicar que estou trabalhando para uma escola de inglês em Sydney, Austrália. O nome dela e SIEC. É uma escola nova, e com uma infraestrutura excelente. Eles dão atenção especial aos estudantes sul-americanos.

I knew very little, almost nothing about Australia, until I decided to pack and study abroad. I had been feeling like traveling for a while and had met several people who, like me, have traveled a lot. They are students who have washed dishes, or professionals going for their Master's. The fact is that all of them came back different. The testimonials the agencies write in their folders become real for those who have lived and experienced.
Eu não sabia quase nada sobre a Austrália, até que decidi que era a hora de arrumar as malas e fazer um intercâmbio. Essa vontade já vem de muito tempo. Conheci várias pessoas, que como eu, carimbaram o passaporte, desde estudantes que lavaram pratos a profissionais fazendo MBA. Todos, sem exceção, voltaram diferentes. E as frases que a as agências de intercâmbio geralmente utilizam em suas pastas se tornam verdades na boca dos que viveram a experiência:

- é uma experiência única **(a unique experience)**
- é uma jornada para o autoconhecimento **(a chance for self knowledge)**
- é uma oportunidade para amadurecer **(an apportunity to grow)**

- sou muito mais confiante agora **(I have much more self confidence now)**
- aprendi inglês sem nem perceber **(I learned English almost without noticing)**

ELC is downtown, close to everything. This was the school where I studied, and I recommend it, the facilities are very good, and the teachers are very experienced, different from many schools. There you'll be able to meet people from all over the world, not just some countries.
ELC fica no centro, pertinho de tudo. Foi nessa escola que eu estudei e recomendo. A estrutura é muito boa, os professores muito experientes e diferentes de muitas escolas, Lá você terá contato com gente de todo mundo e não apenas de alguns determinados países.

The ACE is a perfect choice if you choose to live in Bondi, downtown or in Manly. This school has very good facilities and it's close to these cities' attractions. In Manly, the school is just across from the beach and it can make studying a bit harder...It is a little overpriced, but its quality makes up for it.
A ACE é a escolha perfeita para quem escolheu morar em Bondi, no centro ou em Manly. A escola é muito bem equipada e fica perto dos principais pontos de atrações da cidade. Em Manly a escola fica de frente para a praia, o que pode tornar os estudos um pouco mais difíceis. O preço é um pouco salgado, mas a qualidade compensa.

Milton College is a good school, but the student body is not diverse. The only problem with that is the there is less interaction. In schools with a

BACKPACKER'S ADVENTURE

variety of people and cultures, it's easier to interact. Anyway, it's cheaper than ACE and ELC
Milton College é uma boa escola, mas não há diversidade cultural entre os alunos. O único problema disso é que a interatividade é menor. Em escolas com variedade de povos e culturas fica mais fácil a interação. De qualquer forma é uma boa escola, e um pouco mais barata que a ACE e a ELC.

Aqui estão algumas agências indicadas pelos aventureiros na internet para você poder consultar, escrever, perguntar sobre orçamentos e escolher o melhor país e escola para fazer seu intercâmbio.

- http://www.stb.com.br/
- http://www.ci.com.br/
- http://www.experimento.org.br/
- http://www.ciadointercambio.com.br/

Types of lodging for Exchange students
Tipos de acomodações para quem quer fazer intercâmbio

O lugar que você escolhe para viver faz parte de sua experiência de aprendizado. Além das casas de família, você pode escolher morar em uma residência da agência ou escola, em um hotel ou num hostel para estudante.
Escolha a melhor opção para você:

Casa de Família – **A Family home**
Casas de família são uma opção popular para quem quer fazer intercâmbio, especialmente para os estudantes de cursos de inglês. Viver com a família do anfitrião

oferece oportunidades valiosas de conversar com as famílias em um ambiente imerso na língua inglesa. Os estudantes podem aprender mais rapidamente porque estão constantemente pensando e falando em inglês em situações bem práticas.

Para estar em um ambiente receptivo e com falantes nativos.
(a receptive environment with native speakers).
Para aprender sobre a cultura local 24 horas por dia
(To learn about the local culture 24 hours a day).
Você pode criar um laço maior com uma família anfitriã.
(to create ties and bonds with the host family).

Moradia na escola-**Dormitories/International houses**
Algumas instituições australianas têm residências estudantis, onde o aluno pode escolher entre ficar num quarto sozinho ou com outro estudante. Esta opção normalmente não conta com alimentação, portanto as refeições podem ser feitas no refeitório do campus ou na cozinha comunitária da residência estudantil.

Dentro da escola **(in the school facilities)**.
Maior acesso a professores e maior contato com outros estudantes internacionais **(closer to teachers and other international students)**.

Repúblicas/dividir casas – **International Homeshare**
Nos murais dos centros de ensino também se pode encontrar anúncios de apartamentos e casas para alugar ou para dividir com outros estudantes – *Share House ou Share Accommodation*. Essa opção é muito indicada para quem já está a algum tempo

BACKPACKER'S ADVENTURE

no país e já se ambientou com o local, pois além de ser mais econômica também dá ao estudante uma liberdade maior.

- Autenticidade cultural, com a independência de morar em ambiente estudantil **(Real culture, and also independence while in a student environment)**
- Uma casa com vários estudantes internacionais **(share a house with international students)**

Hotel – **Hotel**

- Acomodações mais modernas e de alto padrão **(modern and high standard facilities)**
- Acomodação mais privativa **(private apartments)**

Albergue – **Hostel**

Lugar preferido dos mochileiros (backpackers), os *hostels* – albergues de estudantes e viajantes – não somente por serem baratos, mas também pelo clima festivo e pela facilidade de trocar ideias de viagens e roteiros com outros viajantes ou estudantes do mundo inteiro.

As acomodações são em quartos comunitários com beliches. Mas você pode requisitar um quarto particular pagando mais caro.

Acomodações mais baratas **(cheaper facilities)**

Encontra jovens de diversos países com vários propósitos e ideias **(you meet young people with different goals and ideas)**

Motel – **Motel**

Não se engane com a palavra, pois tem um significado diferente do que conhecemos no Brasil. Os motéis nos

Estados Unidos, Europa, Austrália, geralmente possuem dois dormitórios, cozinha e utensílios, TV, piscina etc. São bem mais em conta que os hotéis e oferecem praticamente o mesmo conforto. Ao contrário da conotação que o nome motel tem no Brasil, são estabelecimentos muito usados por famílias.

É possível preparar refeições em motéis **(you can cook in motels).**
É uma boa opção para quem viaja com a família **(it's a good option if you are travelling with your family)**

Bed and breakfast – Pousada
São hospedagens em casas de família, na qual você fica com um quarto somente para você. Pode ser uma pousada também.Alguns são suítes. A roupa de cama é fornecida, bem como o café da manhã, ambos inclusos no preço.

Uma boa opção para quem viaja com a família **(a good option if you are traveling with your family)**

Café da manhã e troca de roupa de cama incluídos **(breakfast and bed change included)**

Farmstay – Hotéis Fazenda
Em países como a Austrália, uma das modalidades de hospedagem que têm feito muito sucesso nos últimos anos é a estada em fazendas. Você pode até mesmo escolher se deseja participar do trabalho diário ou simplesmente relaxar e apreciar a paisagem.

É uma excelente oportunidade para quem gosta da vida rural **(great opportunity if you like rural life)**

Ótima oportunidade para quem quer aprender sobre agropecuária, por exemplo **(great oportunity if you like farming)**

BACKPACKER'S ADVENTURE

How is the English spoken in Australia?
Como é o inglês falado na Austrália?

O inglês da Austrália tem a influência do inglês britânico Cockney, da Irlanda e da língua como era falada pelos nativos brancos da Austrália. Ainda, com a corrida pelo ouro (goldrush), ocorreu uma americanização. O inglês da Austrália e da Nova Zelândia, por causa da proximidade histórica e geográfica, são bem semelhantes.

Vocabulário australiano básico
Expressões

G'DAY, MATE	good day, man	E aí? Belê?
NO WORRIES	no problem	Que nada!
SHE'LL BE FINE	no problem	Tá tudo bem!
SHEILA	woman	Garota
MATE	man	Cara/homem
BARBIE	barbecue	Churrasco

DON'T COME THE RAW PRAWN WITH ME
Don't try to kid with me
Nem vem!

GOOD SPORT
someone who is nice
Pessoa legal

HATCH, MATCH, DISPATCH
referring to the births, wedding and obituaries published in newspapers
Nascimento/casamento/obtuario publicado em jornal

HAPPY LITTLE VEGEMITE
somebody happy in a childish way
Feliz como uma criança

Going bush
going away
Indo embora

I get the shits
I get angry
Ficar bravo/"p"– da vida

He is giving me the shits
he is making me angry
Me deixa bravo/"p"– da vida

Ver dicionário de termos e expressões do inglês australiano na página 232.

VOCABULARY ABOUT AUSTRALIA
VOCABULÁRIO SOBRE A AUSTRÁLIA

Agência (de intercâmbio)	(Exchange program) agency
Amenizar gastos	Handle expenses
Ao mesmo tempo	At the same time
Caro	Expensive
Centro	Downtown
Curso intensivo	Intensive course
Dúvidas em mente	Doubts in mind
Faculdade	College
Hospedagem	Lodging/stay
Infraestrutura (da escola)	Facilities
Orçamento	Cost information
Pesquisar	Research
Recomendar/sugerir	Recommend
Refeição	Meal
Requisitos	Requirements
Taxas	Fees
Ter a oportunidade	Have the chance
Trabalho e estudo	Work & Study (Travel & Study program)
Visto de estudante com permissão de trabalho	Student Visa with Work Permit
Você vai poder...	You'll be able to...

15 **New Zeland**
Nova Zelândia

Conheça os neozelandeses, os chamados Kiwis, imergindo na cultura deste país único. Com apenas 4 milhões de habitantes, a Nova Zelândia é um destino ideal para os amantes da natureza. Suas paisagens são espetaculares e diversificadas, possuindo desde montanhas nevadas e vulcões borbulhantes a florestas e praias. A Nova Zelândia, cujo clima é temperado, possui muitas montanhas onde se pode esquiar e fazer "snow-board" no inverno. Já no verão você pode surfar pela manhã e no mesmo dia ir visitar uma geleira. Este país também oferece cursos para quem quer fazer intercâmbio.

Visas for New Zeland
Vistos para Nova Zelândia

O Brasil é um dos países que fazem parte da política de "visa free country" ou países que não necessitam de visto prévio. O visto de turista para visitantes brasileiros na Nova Zelândia é concedido na chegada ao país. No aeroporto o visitante recebe uma permissão de estadia por três meses que podem ser prolongados antes de sua data vencer, em qualquer escritório da imigração (Immigration Office) no país, por até no máximo nove meses. Eles pedem passagem de ida e volta (round trip ticket),endereço onde vai ficar ou hotel e prova de que você tem dinheiro para ficar (credit card, traveller' cheques, dollars, etc.)

O governo neozelandês proibiu que pessoas com visto de turista trabalhem, mas é possível trabalhar 20 horas por semana como estudante de inglês, desde que tenha boas notas. Para isso, você terá que tirar o visto de estudante.

A vacina conta a febre amarela (Yelow Fever vaccine) é requisitada para entrada na Nova Zelândia.

Para o visto de estudante você tem de pegar o visto no consulado, preencher o formulário (Application for Student Visa' form) ter pago o curso, taxas (fees), ter comprovante de residência (guarantee of accommodation), evidência de que pode pagar pelos custos durante toda a estada (Evidence that funds are available for your maintenance throughout your stay), ou alguém que se responsabilize pelos custos, que são no mínimo de NZ$7.000 (sponsor gives a financial undertaking that he or she can transfer to New Zealand NZ $7,000 a year)

English spoken in New Zeland
O inglês falado na Nova Zelândia

A Nova Zelândia é uma ex-colônia britânica, portanto o inglês falado lá é mais próximo do inglês britânico em sua forma gramatical, mas a pronúncia é mais próxima ao inglês da Austrália. O inglês falado na Nova Zelândia sofre a influência dos nativos māori em seu vocabulário, que é relacionado à fauna e flora. O sotaque difere do sotaque americano, principalmente na pronúncia das vogais, que são mais curtas.

Some māori words and expressions spoken in New Zeland

Alguns termos māori falados na Nova Zelândia

- AROHA: **love, affection** – amor, afeição
- HAERE MAI: **welcome** — bem-vindo
- KA PAI: **good; well done** — ótimo
- KAI: **food** — comida
- KIA ORA: **hello** — olá
- KORERO: **to chat; to speak in Maori** — falar Maori
- PUKU: **belly** — barriga
- TANGI: **to mourn; or, a funeral at a marae** — funeral
- TANIWHA: **legendary sea monster** — lendário monstro do mar
- TAPU: **sacred, taboo; to be avoided because of this** — tabu, algo sagrado a ser evitado
- TE REO: **"THE tongue"; the Maori language** — a lingua Maori
- TOHUNGA: **priest, shaman** — religioso, feiticeiro
- WAIRUA: **spirit** —espírito
- WHAKAPAPA: **genealogy** —genealogia

Ask who has been to New Zeland

Pergunte a quem já foi a Nova Zelândia

I believe New Zeland is a good option, the English courses are cheaper, the people there are very polite, and the country is beautiful.
Acho que a Nova Zelândia é uma boa opção, os cursos de inglês são mais baratos, o povo é educado, e o país é lindo.

The people there are really hospitable and polite. I took a 4-week course there and I loved my course and the experience of living abroad for a while.
O povo de lá é realmente hospitaleiro e educado, fiz um curso de quatro semanas e amei meu curso e a experiência de morar um tempo fora.

My brother is going to New Zeland in August. He is going to take an English course and stay at a family house for a month. After that he's going to a Hostel until he makes some money. You can make U$1.200,00 picking kiwi, 6 hours a day.
Meu irmão está indo em agosto. Vai fazer um curso de inglês e ficar na casa de uma família por um mês. Depois vai para um albergue e ficará até quando juntar uma boa grana! Você ganha U$1.200,00 por semana para colher KIWI, seis horas por dia.

I stayed in New Zeland for a few months and worked in Mont Maganui, next to Auckland. You can make some money, but it's also very tiring. Women cannot work picking, just packaging the fruit. It's a very interesting experience, I learned to appreciate the importance of the simple things in life.
Fiquei na Nova Zelândia por alguns meses e trabalhei em Mont Maganui próximo de Auckland.Você ganha bem, mas é bastante cansativo.Mulher não pode trabalhar na colheita, somente embalando. Foi uma experiência muito interessante, comecei a dar valor às coisas simples da vida.

Has anybody taken the Kiwi Experience bus?
Alguém já foi no Ônibus Kiwi Experience?!

BACKPACKER'S ADVENTURE

Even though it's pretty easy and safe to travel in New Zeland, a trip on this bus wil always be in your memory. The downside is that it's expensive.
Apesar de a Nova Zelândia ser um país fácil, seguro e simples de viajar, uma viagem com esse ônibus vai ficar na sua memória para sempre. O lado negativo é que é caro.

It's relatively pricy, but the experience is worthwhile, the KIWI EXPERIENCE bus is also called "party bus" or "big green shagging machine".
Ele tem um custo relativamente alto, mas valeu pela experiência. O ônibus KIWI EXPERIENCE também tem os apelidos de "party bus" ou "big green shagging machine"."

Just be careful when you go, because if you go in the high season, you might have difficulty getting a seat on the bus and you can "get stuck" in a city- but depending on the city, it might not be bad.
É bom tomar cuidado quando fizer o passeio. Na alta temporada pode ficar complicado arrumar vaga no ônibus, e aí você pode ficar "empacado" em uma determinada cidade – mas dependendo de qual for, não será nada mal.

The cheapest way to travel through New Zeland is renting a car- or buying a cheap one in the fairs that happen in Auckland-. Call two or three friends and share the lease. The petrol is reasonable and the roads are perfectly paved. The problem with the "Kiwi Experience" bus it that it might get more expensive, as you'll also need a car to visit the suburbs of the cities.

A forma mais econômica de viajar pela Nova Zelândia é alugar um carro – ou comprar um bem barato nos feirões que rolam em Auckland. Junte mais dois ou três amigos e dividam o aluguel do veículo. Não sai caro, o preço da gasolina é razoável e as estradas são impecáveis. O Kiwi Experience sai mais caro no final, já que você poderá precisar de carro para conhecer alguns picos mais afastados das cidades

How is Highschool there?
– Como é a escola lá?

Their schools are very different compared to Brazil's. We have to choose six subjects. English is the only mandatory subject. I chose Physics, Mathematics, English, Physical Education, Geography and Photography. What is also different is that when the class is over we have to gather all our books and go to another classroom to have a completely different class, with other classmates.
A escola é bem diferente comparada com as do Brasil. A gente tem que escolher seis matérias. O inglês é a única obrigatória. Eu escolhi física, matemática, inglês, educação física, geografia e fotografia. Outra coisa diferente é quando acaba uma aula, a gente tem que pegar todo o nosso material, ir para outra sala e assistir aula de uma matéria totalmente diferente, com outros colegas.

What changed with this experience?
O que mudou com essa experiência?

When I was back, everyone told me I had changed. There, you have to learn English and talk, because

BACKPACKER'S ADVENTURE

that is the only way. Your values also change, and you learn more about life. I had never taken a bus before, or talked to people to ask information. After I lived abroad on my own I learned to interact with people and show interest for their lives; I became more outgoing and prepared for life

Quando eu voltei, todo mundo falou que eu tinha mudado. E você muda mesmo. Lá você tem que aprender a conversar em inglês, a se virar. Seus valores também mudam. Eu nunca tinha andado de ônibus ou pedido informações para as pessoas. Depois de morar no exterior sozinho, aprendi a interagir mais com as pessoas e mostrar interesse pela vida deles, deixar a timidez de lado. Fiquei mais desinibido e preparado para a vida.

VOCABULARY ABOUT NEW ZELAND
VOCABULÁRIO SOBRE A NOVA ZELÂNDIA

Alugar um carro	Rent a car
Cansativo	Tiring
Caro	Pricy/expensive
Colheita	Picking
Comprovante de residência	Guarantee of Accomodation
Dar valor	Appreciate
Desinibido/extrovertido	Outgoing
Dividir/"rachar"	Share
Educado	Polite
Ficar preso/"empacar"	Get stuck
Fundos para se manter	Maintenance Funds
Ganhar dinheiro	Make money
Hospitaleiro	Hospitable
Interagir	Interact
Lado negativo	Downside
Matéria (escolar)	Subject
Pessoa/instituição responsável por pagamento	Sponsor
Taxa	Fee
Viver no exterior	Live abroad

16 South Africa
África do Sul

A África do Sul é uma das maiores áreas de conservação da vida selvagem do planeta. O parque Kruger, por exemplo, tem mais de um século, há também uma grande área de preservação nacional nas vizinhanças de Moçambique e Zimbábue. A apenas uma hora de carro das áreas urbanas de Pretoria e Joanesburgo, já é possível ver leões, búfalos, rinocerontes e centenas de espécies de animais selvagens.

O turismo tem crescido muito na África do Sul, com seu clima ensolarado e diversidade cultural.

Visa to South Africa
Visto para a África do Sul

Não é necessário visto prévio para a África do Sul, se você for ficar ate no máximo 90 dias e tiver passaporte válido. Além deste prazo, você precisa pegar um visto antes de viajar, no consulado sul-africano, ou a imigração poderá barrar sua entrada. Não se esqueça de seu atestado de vacinação contra a febre amarela.

BACKPACKER'S ADVENTURE

What language do they speak in South Africa?
Que língua falam na África do Sul?

Existem atualmente onze línguas reconhecidas legalmente na África do Sul, entretanto a maioria da população fala inglês, com tendência a ser falado mais para o estilo britânico.

Veja dicionário de termos e expressões do inglês usado na África do Sul na página 238.

The adventurers' tips
Dicas dos aventureiros

Flights to Cape Town are a lot cheaper by mid August and hotels have lower rates until September. The temperature at this time of the year ranges from 18 to 25 C, and it rains a lot.
O preço dos voos para Cape caem a partir da segunda quinzena de agosto e estadas em hotéis ficam em baixa até setembro. A temperatura nesta época do ano é entre 18 e 25°C e chove bastante.

The Namaqualand is in full bloom, just for a very short period of time. It is a great time to go whale watching in Hermanus, and a wonderful time to visit Kruger Park, because this is when the animals congregate around water holes.
Há floradas em Namaqualand por um curto período. É uma ótima época para ver as baleias em Hermanus e visitar o parque Kruger, já que os animais se aglomeram ao redor dos locais inundados pelas chuvas.

I visited several cities like Johannesburg (not very safe) and Cape Town (beautiful, you should go see it), I spent most of the time in Sun City, but didn't stay in The Palace (famous six-star hotel), but I had dinner there and then I went back there during the day to appreciate it better
You can buy brand-name products cheaper than in The USA

Estive em várias cidades como Joanesburgo (um pouco perigosa) Cape Town (linda, vale a pena), Fiquei a maior parte do tempo em Sun City.
Não fiquei hospedada no The Palace (o famoso hotel seis estrelas), mas jantei lá e voltei para conhecer melhor de dia.
Compram-se produtos de griffe internacionais mais baratos do que nos Estados Unidos.

There is a lot of luxury in the Sun City Cidade do Sol) leisure complex. It's located 187km North of Johannesbug, an arid area

Muito luxo no complexo de lazer Sun City.
A África do Sul também tem a sua Las Vegas.
Localizado numa área árida a 187 quilômetros ao norte de Joanesburgo.

The Sun City complex is a tourist area in South Africa that attracts wealthy people from all over the world, and it's very sophisticated, starting from The Palace of the Lost City (a six-star hotel) where lots of money is spent there in its casinos that provide entertainment during the nights.

O complexo de entretenimento chamado Sun City (Cidade do Sol) é uma área turística que colocou a África do Sul na rota de ricaços dos quatro cantos do

BACKPACKER'S ADVENTURE

mundo. É muito sofisticado, a julgar pelo The Palace of The Lost City (O Palácio da Cidade Perdida), hotel seis estrelas onde se gasta muito dinheiro nos seus cassinos, que movimentam as noitadas do lugar.

Another tourist attraction is the Valley of Wave. This water park surrounds The Palace hotel, making lagoons, pools and artificial waves, and channels where there are many attractions. There are lots of sculptures in the Roman style, also animals like elephants. There is also the Baoba forest with it's gold mine, and sports areas.

Outra peculiaridade da "Las Vegas africana" é o Valley of Wave (Vale das Ondas). O parque aquático circunda todo o The Palace, formando lagos, piscinas com ondas artificiais e canais por onde se espalham muitas das atrações do parque temático. Há muitas esculturas no estilo romano e de animais, principalmente de elefantes. Há também no complexo a floresta de baobá, com a reprodução de uma mina de ouro e áreas esportivas.

South Africa's English Language School in Durban is committed to the highest standards in education and training. It attracts students from all over the world including South America, Europe, Asia and other parts of Africa – Schools there offer you a comprehensive and unforgettable English language learning experience!

O curso de língua inglesa em Duban tem um alto padrão de educação e treinamento. Ele atrai estudantes de todo o mundo, incluindo os da América do Sul, Europa, Ásia e outras partes da África. As escolas oferecem um curso completo e uma experiência inesquecível no aprendizado da língua inglesa.

VOCABULARY ABOUT SOUTH AFRICA
VOCABULÁRIO SOBRE A ÁFRICA DO SUL

Aglomerar	Congragate
Animais	Animals
Áreas esportivas	Sports areas
Atrações	Attractions
Canais	Channels
Chimpanzés	Chimps/chimpanzees
Chuvas	Rains
Ensolarado	Sunny
Elefantes	Elephants
Floradas	Full bloom
Flores	Flowers
Florestas	Forests
Leões	Lions
Macacos	Monkeys/Apes
Marcas (de roupas, sapatos etc.)	Brand-names
Palácio	Palace
Pássaros	Birds
Pessoas ricas	Wealthy people
Taxas	Fees
Tigres	Tigers

Ver dicionário de Africaneirismo na página 238.

•

17 India
Índia

A Índia é a terra do magnífico Taj Mahal e do palácio de Rajasthan, além de outros templos antigos, como o Khajuraho. Uma terra misteriosa, de encantadores de cobras, pessoas com vestimentas coloridas, onde as mulheres usam sáris e ostentam enfeites de ouro. A Índia possui uma grande diversidade de práticas culturais, línguas, costumes e tradições.

É também o berço de religiões como o hinduísmo e o budismo, além de outras, que influenciaram com suas tradições outras partes do mundo. Uma viagem para a Índia é também uma grande experiência espiritual.

What languages do they speak in India?
Que línguas falam na Índia?

Os estados da Índia têm línguas oficiais diferentes, como o híndi, amil, urdu e bengali, além de muitas outras que são muito faladas, mas ainda lutam para serem reconhecidas oficialmente. A maioria dos indianos é poliglota, e certamente falam inglês, já que esta é a língua cooficial da Índia também. Eles têm influência tanto britânica como americana, mesclando com outras línguas da Índia.

Idioms and Popular Phrases in India
Idiomas e frases populares na Índia

- Mast = large or tall — Grande ou alto
- "Your good name please?" = "What is your name?" — Qual seu nome? (da expressão Hindi "shubhnaam", que significa "nome auspicioso").
- "Out of station" = "out of town" — Fora da cidade/viajando
- "Join duty" = "reporting to work for the first time".
- "Rejoin duty" = to come back to work after a vacation — Voltar das férias
- cousin-brother = male-cousin = — Primo
- godown = warehouse — Armazém
- opticals = glasses — Óculos
- scheduled caste =lowest Hindu caste — Baixa casta indiana

Visa to Índia
Visto para a Índia

Tourism Visa: Issued for 6 (six) months, with multiple entries - No need to register when you enter the country
Visto de Turismo: Emitido para seis meses, com entrada múltipla. Isto quer dizer que você pode sair e entrar novamente no país durante este período. Também não é necessário registrar a entrada.

Business Visa: Issued for 6 (six) months/1year, with multiple entries.
Visto de Negócios: Emitido por seis meses/um ano, também com entrada múltipla. Para obtê-lo você precisa:

BACKPACKER'S ADVENTURE

- **An invitation letter from an Indian Associate/partner or from the company, giving details about your visit. If you are going to stay for a time longer than 6 months, you need to register at the FRRO department**
- Carta convite de sócio indiano ou carta convite da empresa, dando detalhes sobre a visita. Se precisar ficar por mais de seis meses, terá que se registrar no departamento FRRO.
- **Conference Visa- Issued for 3 (three) months, with only one entry permission. You'll need:**
- Visto de Conferência: Emitido para três meses, com uma única entrada. Você precisará de:
- **An invitation letter from the conference organizers**
- Carta convite por parte dos organizadores da conferência.

Student Visa: Issued for as long the your course lasts, no longer than 5 (five) years, with multiple entries. You'll need:
Visto de Estudo: Emitido para o tempo que durar o curso, por até cinco anos, com entrada múltipla. É necessário:

- **Proof you have signed in the course.**
- Entregar prova de inscrição no curso.
- **The institution must be recognized by the Development and Human Resources ministry.**
- A instituição deve ser reconhecida pelo Ministério de Desenvolvimento de Recursos Humanos.
- **FRRO is needed, within your first 14 days in India**
- É necessário registro no FRRO até 14 dias após sua chegada
- **Family Visa: Issued for 6 (six) months/1 (one) year/ (five) years, with multiple entries.**

- Visto de Família: Emitido para seis meses/um ano/ cinco anos, com entrada múltipla.
- **FRRO registration is needed, if you are going to extend your stay for over 180 days in only one visit.**
- É necessário registro no FRRO se sua estadia se estender por mais de 180 dias numa única visita.

Work Visa: Issued for up to one year, with multiple entries.
Visto de trabalho: emitido por até um ano, com entradas múltiplas.

- **FRRO registration is needed, within first 14 days in India.**
- É necessário registro no FRRO até 14 dias após sua entrada.

Visa for Vedic and cultural studies or Yoga: Issued for as long as the course lasts, with multiple entries.
Visto para estudos védicos, culturais ou ioga: Emitido pelo tempo que durar o curso, com entradas múltiplas.

- **Enrollment letter or invitation requested**
- Necessária carta de inscrição ou convite para o curso.
- **The entity must be recognized by the Human Resources Ministery**
- A entidade tem que ser reconhecida pelo Ministério de Recursos Humanos
- **FRRO registration is needed within first 14 days in India**
- Necessário registro no FRRO até 14 dias após sua chegada.

BACKPACKER'S ADVENTURE

FRRO significa Foreigners Regional Registration Office, um escritório onde os estrangeiros são registrados.

Alguns vistos para a Índia podem levar até meses para serem obtidos, então sempre programe sua viagem com antecedência. Também não se esqueça de sempre ter um passaporte válido por pelo menos seis meses. É necessário vacinar-se contra a Febre Amarela (Yellow Fever).

Customs in India
Costumes da Índia

Indians do not like to express 'no,' be it verbally or non- verbally. Rather than disappointing you, for example, by saying something isn't available, Indians will offer you the response that they think you want to hear.

Os indianos não gostam de expressar "não", quer seja verbalmente ou de outro modo. Em vez de desapontar você dizendo que algo não esta disponível, ele poderá lhe dar a resposta que acha que você quer ouvir.

This behaviour should not be considered dishonest. An Indian would be considered terribly rude if he did not attempt to give a person what had been asked. So, look for non-verbal cues, such as a reluctance to commit to an actual time for a meeting or lack of an enthusiastic response.

Não se deve entender isso como desonestidade. Ele seria considerado muito mal-educado se não tentasse dar àpessoa o que ela lhe pediu. Então preste atenção às dicas não verbais, como relutância em marcar

a hora exata da reunião ou ausência de uma
resposta entusiástica.

**Religion, education and social class all influence
greetings in India. This is a hierarchical culture, so
greet the eldest or most senior person first.**
Religião, educação e classe social influenciam os
cumprimentos na Índia. Existe uma cultura hierárquica,
então cumprimente os mais velhos primeiro.

**When leaving a group, each person must be bid
farewell individually.**
Quando deixar o grupo, despeça-se de cada
um individualmente.

**Men may shake hands with other men, and women
may shake hands with other women; however there
are seldom handshakes between men and women
because of religious beliefs. If you are uncertain,
wait for them to extend their hand, for many times
they don't shake hands at all.**
Homens podem cumprimentar homens e mulheres
podem cumprimentar mulheres; mas raramente
homens cumprimentam mulheres por causas de
suas crenças. Se você não tiver certeza, espere que
estendam as mãos para você, pois muitas vezes, eles
não cumprimentam dando as mãos.

**Indians believe that giving gifts eases the transition
into the next life.**
Os indianos acreditam que dar presentes facilita a
transição para a próxima vida.

BACKPACKER'S ADVENTURE

If invited to an Indian's home for a meal, it is not necessary to bring a gift, although one will not be turned down.
Se você for convidado para uma refeição na casa de um indiano, não é necessário trazer presente, mas se trouxer, ele não será rejeitado.

Hindus should not be given gifts made of leather. Yellow, green and red are lucky colours to wrap gifts. Gifts are opened when received.
Não dê presentes de couro para um hindu. Amarelo, verde e vermelho são cores que trazem boa sorte para embrulhar um presente. Abra-os ao recebê-los.

Although Indians are not always punctual themselves, they expect foreigners to arrive close to the appointed time.
Embora os indianos não sejam muito pontuais, eles esperam que os estrangeiros sejam.

Take off your shoes before entering the house
Tire os sapatos antes de entrar na casa.

Dress modestly and conservatively.
Vista-se conservadoramente e com modéstia.

Politely turn down the first offer of tea, coffee, or snacks. You will be asked repeatedly. Saying no to the first invitation is part of the protocol.
Educadamente recuse a primeira oferta de chá, café ou lanches. Eles vão oferecer novamente. Dizer não ao primeiro convite é o protocolo.

There are diverse dietary restrictions in India:
Há diversas restrições alimentares na Índia:

Indians do not eat beef and many are vegetarians.
Os indianos não comem carne e muitos
são vegetarianos.

Muslims do not eat pork or drink alcohol.
Os muçulmanos não comem carne de porco nem con-
somem bebida alcoólica.

Relationships & Business
Relacionamentos e Negócios

Indians prefer to do business with those they know.
Os indianos preferem fazer negócios com quem eles
conhecem.

**In general, Indians prefer to have long-standing
personal relationships prior to doing business**
Em geral, os indianos preferem conhecer muito bem
a pessoa antes de fazerem negócios.

**It may be a good idea to go through a third party
introduction. This gives you immediate credibility.**
É uma boa ideia ser apresentado por um intermediário,
isso dá mais credibilidade.

**It is advisable to make appointments , at least one
month and preferably two months in advance, and
confirm them a week before.**
É aconselhável marcar compromissos com um
ou dois meses de antecedência e confirmá-los na
semana anterior

BACKPACKER'S ADVENTURE

Meetings will start with a great deal of getting-to-know-you talk. In fact, it is quite possible that no business will be discussed at the first meeting.
As reuniões começam com muita conversa para se conhecerem, É bem possível que nenhum negócio seja discutido na primeira reunião.

Always send a detailed agenda in advance. Send back-up materials, charts, and other data as well.
Sempre envie sua agenda detalhada com antecedência, mande matérias, gráficos e outras informações também.

Decisions are reached by the person with the most authority and it's a slow process
As decisões são tomadas pela pessoa com mais autoridade e é um processo lento.

If you lose your temper, you prove you are unworthy of respect and trust.
Se você perder o controle, prova que não merece respeito e confiança.

In general, Indians do not trust the legal system and someone's word is sufficient to reach an agreement.
Em geral, os indianos não confiam nos sistemas legais. A palavra é o suficiente para um acordo.

Do not disagree publicly with members of your negotiating team.
Não discorde publicamente com os membros da equipe com quem está negociando.

Successful negotiations are often celebrated over a meal.
Negociações são frequentemente comemoradas durante uma refeição.

Wait to be invited before using someone's first name without the title, as titles like Doctor, professor, Sir etc are often used.
Espere que permitam, antes de usar o primeiro nome de uma pessoa, já que títulos como doutor, professor, senhor etc. são frequentemente usados.

Business cards are exchanged after the initial handshake and greeting; include degrees and honours if possible. Use the right hand to give and receive them. Business cards can be in English.
Cartões de visitas são trocados logo depois dos cumprimentos, inclua formação e honras se possível. Use sua mão direita para dar e recebê-los. Os cartões podem ser em inglês.

VOCABULARY ABOUT INDIA
VOCABULÁRIO SOBRE A ÍNDIA

Antes de	Prior to
A palavra de alguém	Someone's word
Cartão de visitas	Business card
Com antecedência	In advance
Compromisso	Appointment
Conversa para conhecer outra pessoa	Get-to-know-you talk
Cultura hierárquica	Hierarchical culture
Cumprimento	Handshake
Despedir-se	Bid farewell
Dicas	Cues
Emitido	Issued
Equipe	Team
Gráfico	Chart

BACKPACKER'S ADVENTURE

Hora marcada	**Appointed time**
Informações	**Data**
Intermediário	**Intermediary**
Negociações	**Negotiations**
Pessoa mais velha	**Most senior/the eldest**
Presentes	**Gifts**
Protocolo (comportamento)	**Protocol**
Restrição alimentar	**Diet restriction**
Reunião	**Meeting**
Título	**Title**

Ver termos e expressões do inglês indiano na página 242.

18 China
China

A China possui várias relíquias históricas que foram preservadas. A Grande Muralha é o ícone da nação chinesa e uma de suas atrações mais populares. As escavações de Yin Xu (Yin Ruins) em Anyang, cidade de Henan foram consideradas o mais antigo escrito feito pelo ser humano. O Palácio Potala (Potala Palace), na cidade santa de Lhasa é um esplêndido complexo com montanha vermelha, onde fica o Palácio dos Dalai-Lamas (Dalai Lamas Palace) e o centro político do Tibete.

A China, que sempre foi conhecida por sua enorme população, hoje emerge como terra das oportunidades, oportunidades para as parcerias e negócios. Você já percebeu quantas coisas ao nosso redor são produzidas na China? Do gelado norte ao sul tropical, com seu moderno centro oeste, a China chama a atenção de curiosos, tanto quanto de negociantes por sua cultura e diversidade.

What language can I talk in China?
Que língua posso falar na China?

Com exceção de Hong Kong, onde o inglês é também a língua oficial por ser ex-colônia britânica; e Macau, onde a língua portuguesa foi preservada por ser uma ex-colônia portuguesa, na China os idiomas mais fa-

BACKPACKER'S ADVENTURE

lados são cantones e mandarim. Entretanto, é possível encontrar várias pessoas com algum conhecimento em inglês, já que é esta a língua com que os chineses se comunicam com os turistas e com a maioria dos estrangeiros que vão à China a negócios.

Visa to China
Visto para a China

Tourism: To get a tourism visa for China you'll need:
Turismo: Para conseguir um visto de turista para a China, você vai precisar:

- passaporte valido por pelo menos seis meses **(passport valid for at least six months)**
- formulário próprio completamente preenchido e assinado pelo solicitante **(fill out and sign proper form)**
- uma foto 3X4 colorida atualizada **(one 3X4 color photo)**
- se você não for brasileiro, terá de apresentar cópia de documento da residência no Brasil **(if you are not Brazilian, you'll have to bring a copy of you Brazilian residence document)**

Business Visa – To get a business visa for China you'll need:
Visto de negócios– Para conseguir um visto para realizar negócios na China, você precisará:

- passaporte válido por pelo menos seis meses **(passport valid for at least six months)**
- aviso de visto das entidades autorizadas na China ou carta de convite por parte da China **(authorization/**

pre-visa from China or letter of invitation from China

- formulário próprio preenchido e assinado pelo solicitante **(fill out and sign proper form)**
- uma foto 3X4 colorida atualizada **(one 3X4 color photo)**
- se você não for brasileiro, terá de apresentar cópia de comprovante de residência no Brasil. **(if you are not Brazilian, you'll have to bring a copy of you Brazilian residence document)**

Atenção: Portador do passaporte brasileiro com motivo de turismo pode permanecer em Hong Kong e Macau até três meses sem visto. A China também é um país que requer o certificado de vacinação contra a Febre Amarela (Yellow Fever vaccine certificate)

Social behaviour/business in China
Comportamento social/negócios com Chineses

When doing business in China it is possible to see how Confucianism- the concept of harmonious relationships- affects business practices, and how the Chinese show an aversion to conflict.
Quando fizer negócios na China, poderá notar como o confucionismo – o conceito de relacionamentos harmonioso afeta as práticas de negócios e como os chineses mostram aversão ao conflito.

Doing business always involves meeting and greeting people. In China, meetings start with the shaking of hands and a slight nod of the head. Be sure not to be overly vigorous when shaking hands as the Chinese will interpret this as aggressive.

BACKPACKER'S ADVENTURE

Fazer negócios na China sempre envolve cumprimento. As reuniões começam com as pessoas dando as mãos e abaixando a cabeça suavemente. Não faça nenhum movimento brusco quando cumprimentar, pois os chineses podem interpretar isso como um sinal de agressividade.

The Chinese are not keen on physical contact – especially when doing business. Be sure not to slap, pat or put your arm around someone's shoulders. Os chineses não gostam muito de contato físico – especialmente quando estão a negócios. Nunca dê tapinhas, nem coloque seu braço ao redor do ombro de alguém.

You should always be calm, and controlled. Body posture should always be formal and attentive as this shows you have self-control and are worthy of respect. Você sempre deve estar calmo e controlado. Preste atenção na postura do corpo, que deve sempre ser formal, já que isso demonstra que você tem autocontrole e é merecedor de respeito.

Business cards are exchanged in an initial meeting. When possible, translate one side of your card into Chinese and print the letters using gold ink, as this is an auspicious color. Mention your company, rank and any qualifications you hold. When receiving a card place it in a case rather than in a wallet or pocket. Os cartões de visitas são trocados logo no início da reunião. Quando possível traduza um lado do cartão e imprima as letras em chinês em dourado, pois esta cor é considerada de boa sorte. Mencione o nome da empresa, sua posição e o que você faz. Quando receber o cartão, melhor colocar num porta-cartões ao invés de colocar na carteira ou no bolso.

Relationships in China are very formal. Remember, when doing business you are representing your company so always keep dealings at a professional level. Never become too informal, and avoid jokes, for they might be lost in translation.
Os contatos na China são bastante formais. Lembre-se de que quando estiver fazendo negócios, você está representando sua empresa. Sempre mantenha os contatos no nível profissional. Nunca se torne informal demais e evite piadas, pois podem ser mal-compreendidas quando usamos outro idioma.

Giving Gifts
Dar Presentes

It's common to exchange gifts when doing business in China. However, it is important not to give gifts in the absence of a good reason or a witness. When the Chinese want to buy gifts it is common for them to ask what you would like, it would be wise to demonstrate an appreciation of Chinese culture.
É comum trocar presentes na China quando estiver fazendo negócios. Entretanto, é importante que sempre seja com uma boa razão e na presença de alguém. Quando os chineses querem comprar um presente, não é incomum perguntar o que você gostaria de ganhar. É prudente demonstrar apreciação pela cultura chinesa.

BACKPACKER'S ADVENTURE

Business gifts are always reciprocated
Sempre retribua um presente quando estiver
a negócios.

Meetings and Negotiations
Reuniões e Negociações

Meetings must be booked in advance. Preferably, some literature regarding your company should be forwarded to introduce the company. Avoid all national holidays especially Chinese New Year.
Reuniões precisam ser marcadas com antecedência. De preferência, mande informações sobre sua empresa antes, como forma de apresentação. Evite todos os feriados nacionais, especialmente o Ano Novo chinês.

Punctuality is vital when doing business in China. Ensure you are early, as late arrivals are seen as an insult. Meetings should begin with some brief small talk; if this is your first meeting then talk of your experiences in China so far. Keep it positive and avoid anything political.
Pontualidade é vital quando for fazer negócios na China. Chegue sempre cedo, já que atrasos são considerados insultos. As reuniões começam com uma conversa geral. Se for a sua primeira visita a China, fale de suas experiências lá até o momento. Mantenha uma conversa positiva e evite temas políticos.

When doing business in China, it's a good idea to establish a contact to act as an intermediary; this could bring multiple benefits. The intermediary can act as a reference, be your interpreter and help you

199

through the bureaucracy, legal system and local business networks.
Quando fizer negócios, é uma boa ideia estabelecer contato com um intermediário, ele poderia trazer vários benefícios. O intermediário pode dar referência, ser seu intérprete, passar mais facilmente pela burocracia, sistema legal, e trazer contatos dos negócios locais.

Business strategies
Estratégias de negócios

The Chinese are renowned for being tough negotiators. Their primary aim in negotiations is 'concessions'. Always bear this in mind when formulating your own strategy. You must be willing to show compromise and ensure the negotiators feel they have gained major concessions.
Os chineses são conhecidos por serem negociadores difíceis. O principal objetivo nas negociações é "fazer concessões." Tenha isso em mente quando formular sua estratégia. Você terá que fazer concessões e lhes assegurar que tenham lucrado mais com isso.

Make sure you have done your homework before doing business in China. The Chinese plan meticulously, and will possibly know you and your business well.
Prepare-se bem antes de fazer negócios com os chineses. Eles planejam e estudam meticulosamente seu negócio e possivelmente você também.

One known strategy for Chinese negotiators is to begin negotiations showing humility. They do this to present themselves as vulnerable and weak.

BACKPACKER'S ADVENTURE

You, the stronger, will be expected to help them through concessions

Uma conhecida estratégia dos negociantes Chineses é começar as negociações demonstrando humildade. O plano é parecer vulnerável e fraco. Você, sendo mais forte, deverá ajudá-los por meio de concessões.

Be patient and never show anger or frustration. Practise your best 'poker face' before negotiating with the Chinese. Once they see you are uncomfortable, they will exploit the weakness.

Seja paciente e nunca demonstre estar bravo ou frustrado. Pratique sua "cara de pau" antes de negociar com eles. Quando percebem que você não esta confortável, eles exploram esta fraqueza.

Decisions will take a long time for different reasons: maybe there is a lack of urgency, or maybe simultaneous negotiations are taking place with competitors, or maybe even the decision makers are not confident enough.

As decisões podem levar tempo para serem tomadas por diferentes razões: Por não ter urgência, ou também pode ser que estejam negociando com competidores ao mesmo tempo, ou talvez a pessoa que toma as decisões não esteja suficientemente confiante.

Cross-cultural understanding is an important tool for any international businessperson, company or organisation to acquire when doing business abroad. If you look ahead, doing business in China will be more profitable.

Entender a cultura de um país é importante para qualquer negociação internacional com um executivo, empresa ou organização quando você for fazer negócios no exterior. Se você souber antecipar, fazer negócios na China será mais lucrativo.

VOCABULARY ABOUT CHINA
VOCABULÁRIO SOBRE A CHINA

Atrasos	Late arrivals
Concessão	Consession
Conhecido/renomado	Renowed
Estratégia	Strategy
Executivo(a)	Businessperson
Fazer concessões	Compromise
Fazer negócios	Do business
Fraco	Weak
Fúria/bravo	Anger
Humildade	Humility
Insulto	Insult
Intermediário	Intermediary
Lucrativo	Profitable
Mais forte	Stronger
Negociação	Negotiation
Negociador	Negotiator
Presentes	Gifts
Quem toma a decisão	Decision maker
Referência	Reference
Relacionamentos	Relationships
Reuniões	Meetings
Ser mal compreendido na língua	Be lost in translation
Vulnerável	Vulnerable

Apendices

DICIONÁRIO INGLÊS NORTE-AMERICANO × INGLÊS BRITÂNICO

US NORTE-AMERICANO	UK BRITÂNICO	PORTUGUÊS
A		
Aisle	Gangway	Corredor
Antenna	Aerial	Antena
Apartment	Flat	Apartamento
Apartment building	Block of flats	Prédios de apartamentos/blocos
Area code	Dialing code	Código de área
B		
Baby carriage	Pram	Carrinho de bebê
Baggage room	Left luggage office	Malas (onde guardar malas)
Balcony	Gallery (theatre)	Galeria (de um teatro)
Back up lights	Reverse light	Luz de ré
Band-aid	Plaster/elastoplast	Band-aid
Bathrobe	Dressing-gown	Robe de toalha
Bathroom	Loo/ WC/ toilet	Banheiro
Bathe(v)	Bath(v)	Tomar banho
Bathtube	Bath	Banheira
Beet	Beetroot	Beterraba
Bill	Bank note	Conta de banco
Bomb (disaster)	Bomb (success)	Bomba/ bombástico
Baby carriage/ baby buggy	Pram	Carrinho de bebê
Broil	Grill	Grelhar
Buddy	Mate	Cara/ amigo
Busy (phone line)	Engaged	Linha de telefone ocupada
C		
Ball up/phone	Ring up/telephone	Ligar (telefone)
Ball collect	Reverse charges	Ligação de cobrança

203

US NORTE-AMERICANO	UK BRITÂNICO	PORTUGUÊS
Can (of food)	Tin	Lata
Candy	Sweets	Doces
Candy store	Candy shop/ sweet Shop/confectioner	Doceria
Carnival	Fair (fun)	Carnaval
Cell phone	Mobile	Celular
Check (rest.)	Bill	Conta (restaurante)
Chips	Crisps	Chip/crocante (comida)
Chopped beef	Mince	Carne moída
City/municipal government	Corporation/local authority	Prefeitura
Closet	Cupboard	Armário
Cookie	Biscuit	Bolacha/ biscoito
Comforter	Eiderdown	Edredon
Corn	Maize	Milho
Corn starch	Corn flour	Maizena
Cotton candy	Cotton candy	Algodão doce
Couch	Sofa	Sofá
Crosswalk	Zebra crossing	Faixa de pedestre
Currency exchange	Bureau de change	Câmbio
Custom made	Made to measure	Sob medida
D		
Dessert	Pudding	Sobremesa
Detour	Diversion	Tráfico desviado
Diaper	Nappy	Fralda
Desk clerk	Receptionist	Recepcionista
Draft	Conscription	Rascunho
Drapes	Curtains	Cortinas
Dead end	Cul-de-sac	Rua sem saída
Diaper	Nappy	Fralda
Directory assistance	Directory enquiries	Auxílio à lista
Dish soap	Washing up liquid	Detergente
Divided highway	Dual carriageway	Pista dupla
Downtown	Centre (city/ business)	Centro da cidade
Dresser/ bureau	Chest of drawers	Cômoda
Druggist	Chemist	Farmacêutico
Duplex	Semi-detached	Duplex

BACKPACKER'S ADVENTURE

US NORTE-AMERICANO	UK BRITÂNICO	PORTUGUÊS
E	**E**	**E**
Editorial	Leader(leading article in newspaper)	Editorial
Electric cord/wire	Flex	Fio elétrico
Eraser	Rubber	Borracha(escola)
Eggplant	Aubergine	Beringela
Exhausted	Shattered	Exausto
F		
Fall	Autumn	Outono
Faucet	Tap	Torneira
Freeway	Motorway	Via expressa
Freshman	1st year	Um ano de faculdade
Front desk	Reception	Recepção
First floor	Ground floor	Primeiro andar
Flashlight	Torch	Lanterna
Football	American football	Futebol americano
French fries/ potato fries/ fries	Chips	Fritas
G		
Garbage can/ trash can	Dustbin/bin	Lata de lixo
Gas	Petrol	Gasolina
Gas station	Filling station / petrol station	Posto de gasolina
Game (sports)	Match	Partida (esportes)
Gear shift	Gear lever	Marcha (de carro)
General manager	Managing director/ MD	Diretor-geral
Generator	Dynamo	Gerador
Goose bumps	Goose pimples	Ficar arrepiado
Give a call	Give a bell	Dar uma ligada
Grade	Class/form (school)	Ano (na escola)
Guy	Bloke, chap	Cara/ parceiro
H		
Homely (=ugly)	Homely (pleasant)	US- feio/UK agradável
to Honk	to Hoot	Buzinar
Hood (car)	Bonnet	Capô (carro)
I		
Incorporated	Limited (company)	Limitado (empresa)

205

US NORTE-AMERICANO	UK BRITÂNICO	PORTUGUÊS
information assistance	Directory enquiries	Serviço de informações
Intermission	Interval	Intervalo
J		
Jail	Gaol	Cadeia
Janitor	Caretaker/porter	Zelador
Jello	Jelly	Gelatina
Jelly	Jam	Geleia
Junior	3rd year	Terceiro ano de faculdade
K		
Kerosene	Paraffin	Querosene
Knock up(in American slang this Means to get a woman pregnant	Knock up (in British English it means call from sleep)	US – gíria que significa engravidar uma mulher UK – significa acordar alguém
L		
Laundromat	Laundrette	Lavanderia automática
Laundry detergent	Washing powder	Sabão de máquina de lavar
Lease/rent	Let	Alugar
Legal holiday	Bank holiday	Feriado bancário
License plate	Number plate	Placa (carro)
Line	Queue	Fila
Line-up	Identification parade/ queue (n.)	Fazer fila
spirits	Liquor	Bebida alcoólica
Liquor store	Off license/wine merchant	Venda de bebidas
Living room	Sitting room	Sala de estar
Lobby/foyer	Foyler	Lobby
Lost and found	Lost property	Achados e perdidos
Lawyer/attorney	Solicitor	Advogado
M		
Mail	Post	Correspondência
Mail box	Pillar box/letter box	Caixa postal
Mailman/postman(in the office)	Postman	Correio/entregador
Manager	Director (company)	Diretor(empresa)
Make reservation	Book(v)	Fazer reserva

BACKPACKER'S ADVENTURE

US NORTE-AMERICANO	UK BRITÂNICO	PORTUGUÊS
Motor home	Caravan	Trailer
Movie	Film	Filme
Movie theater	Cinema	Cinema
Muffler	Silencer	Silenciador(carro)
N		
Napkin	Serviette	Guardanapo
O		
One way ticket	Single ticket	Passagem (só de ida)
Outlet/socket	Point/power point/socket	Tomada (eletricidade)
Overpass	Fly-over	Não ver/ Passar por cima
P		
Package	Parcel	Pacote
Pantyhose	Tights	Meia calça
Pants/slacks	Trousers	Calças
Pantry	Larder	Despensa (alimentos)
Pacifier	Dummy	Chupeta
Parking lot	Car park	Estacionamento
Penitentiary	Prison	Penitenciária/ prisão
Period	Full stop	Ponto final
Person–to-person call	Personal call	Chamada a cobrar (direto para a pessoa)
Pitcher	Jug	Jarra
Popsicle	Iced lolly	Picolé
Powdered sugar	Icing sugar	Açúcar de confeiteiro
Precinct	District	Distrito
Principal	Headmaster/mistress	Diretor (escola)
Public school	State school	Escola pública
Purse/ pocket book	Handbag	Bolsa
R		
Raincheck	Postponement	Vale (mercadoria)
Raincoat	Mackintosh	Capa de chuva
Realtor	State agent	Corretor
Recess	Break	Intervalo
Restroom	Public convenience	Banheiro público
Résumé	CV	Currículo
Ren(tv)	Hire(v)	Alugar
Roller coaster	Big dipper	Montanha russa
Round trip ticket	Return ticket	Passagem (de ida e volta)

US NORTE-AMERICANO	UK BRITÂNICO	PORTUGUÊS
Rubber	Contraceptive/ condom	Preservativo/ camisinha
S		
Sales/revenue	Turnover	Liquidação
Sales clerk/ sales person	Shop assistant	Vendendor de loja
Second floor	First floor	Primeiro andar (UK não inclui térreo)
Schedule	Time-table	Tabela de horário
Scotch tape	Sellotape	Durex/ fita adesiva
Scratch pad	Scribbling pad/block	Bloco de rascunho
Sedan	Saloon car	Sedan (carro)
Senior	4th year	Quarto ano de faculdade
Sewer pipe	Drain	Ralo
Shade	Blind	Persiana
Shredded	Desiccated (coconut)	Ralado
Shoestring	Bootlace/shoelace	Laço de sapato
Shorts/underwear/ brief/boxer	Pants (boy's underwear)	Cueca
Shot	Jab (injection)	Vacina/ injeção
Sidewalk	Pavement/ footpath	Calçada
Sneakers/tennis shoes	Gym shoes/ trainers	Tênis (sapato)
Soccer	Football	Futebol
Sophomore	2nd year	Segundo ano de faculdade
Store	Shop	Loja
Stove	Cooker	Fogão
Straight (drink)	Neat(drink)	Sem gelo (bebida)
Stroller	Pushchair	Carrinho
Subway/ metro	Tube/ underground/ metro	Metrô
Sweater/ pullover	Jumer/ sweater/ pullover	Suéter/ blusa de lã
T		
Tag	Label	Etiqueta
Telephone/phone booth	Kiosk/box (telephone)	Orelhão/ cabine telefônica
Thread	Cotton	Algodão
Trash/garbage can	Rubbish bin	Lixeira

BACKPACKER'S ADVENTURE

US NORTE-AMERICANO	UK BRITÂNICO	PORTUGUÊS
Trailer truck/ semi trailer	Articulated lorry	Caminhão
Trunk (car)	Boot	Porta-malas
Truck	Lorry	Caminhão
Turn signal	Indicator	Placa para virar
Two weeks	Fortnight	Duas semanas/ quinzena
U		
Underwear/panties	Knickers (girl's)	Calcinha
V		
Vacation	Holiday	Férias
Vacuum cleaner	Hoover	Aspirador de pó
W		
Windshield	Windscreen	Para-brisas
Wire	Telegram	Telegrama
With or without?(coffee)	Black or white?(coffee)	Preto ou com leite? (café)
Y		
Yard	Garden	Jardim/ quintal
Z (PRON. "ZEE")	Z (PRON. "ZED")	PRONÚNCIA DA LETRA Z
Zero	Nought	Zero
Zucchini	Courgette	Abobrinha (vegetal)
Zip code	Postal code	Código postal

Tanto o inglês Norte-americano quanto o inglês Britânico, são bem aceitos, onde quer que você esteja. O importante é falar a língua corretamente e tentar não misturar os dois, principalmente na forma escrita, para que isso não seja considerado erro de ortografia.

FIQUE ATENTO A ALGUMAS DIFERENÇAS GRAMATICAIS IMPORTANTES:

Preposições:

- **Inglês norte-americano:** on the weekend
  Inglês britânico: at the weekend
  No final de semana

- **Inglês norte-americano:** on a team
  Inglês britânico: in a team
  Na equipe/no time
- **Inglês norte-americano:** please write me soon
  Inglês britânico: please write to me soon
  Escreva logo para mim

Past Simple/Past Participles

Os seguintes verbos podem ser regulares tanto no past simple como no past participle, mas no inglês britânico, a forma mais aceita é a irregular, enquanto que, no inglês norte-americano, a forma aceita é a regular (terminada em ed).

- Burn (Queimar)
  Burnt OR **burned**
- Dream (Sonhar)
  dreamt OR **dreamed**
- Lean (Enclinar)
  leant OR **leaned**
- Learn (Aprender)
  learnt OR **learned**
- Smell (Cheirar)
  smelt OR **smelled**
- Spell (Soletrar)
  spelt OR spelled
- Spill (Derramar)
  spilt OR **spilled**
- Spoil (Estragar)
  spoilt OR **spoiled**

BACKPACKER'S ADVENTURE

Ortografia

Palavras que terminam em or no norte-americano
e our no britânico:

Color – **colour** (cor)
Humor - **humour** (Humor)
Flavor - **flavour** (Sabor) etc.
Palavras que terminam em ize no norte-americano e
ise no britânico:

Recognize - **recognise** (Reconhecer)
Organize - **organise** (organizar) etc.

Verbos

No inglês britânico, o present perfect é mais usado,
enquanto no inglês norte-americano, pode-se
perfeitamente usar o past simple para ações
recém-ocorridas.
Britânico: I've lost my key. Can you help me look for it?
norte-americano: I lost my key. Can you help me
look for it?
(Perdi minhas chaves. Você pode me ajudar a
procurá-las?)

Inglês britânico:
I've just seen her (Acabei de vê-las.)
I've already seen that film (Já vi esse filme)
Have you finished dinner yet? (Voce já terminou
o jantar?)
Inglês Norte-americano - As duas possibilidades
estão corretas.
I just saw her OR I've just seen her (Acabei de vê-las).

211

I've already seen that film OR I already saw that film (Já vi esse filme).
Have your finished dinner yet? OR Did you finish dinner yet? (Você já terminou o jantar?)

CURIOSIDADES: DIFERENTES FORMAS DE SE EXPRESSAR: INGLÊS NORTE-AMERICANO × INGLÊS BRITÂNICO

No inglês norte-americano você **wash the dishes** enquanto no britânico você **do the washing up**. (lava a louça)

No inglês norte-americano você **do the laundry** enquanto no britânico você **do the wash** (lavar a roupa).

No inglês norte-americano limonada é **lemonade** , mas no britânico se chama **sprite**.

Refrigerante é **soda** no inglês norte-americano, mas se chama **fizzy drink** no inglês britânico.

Um café pode se chamar a **caf** no inglês britânico.

O "jogo da velha" que é chamado de **Tic-tac-toe** no inglês norte-americano, é chamado de **Noughts and Crosses** no britânico.

Filme no inglês Norte-americano é chamado **movie**, enquanto no britânico é chamado **film**. Então, enquanto na América temos a **movie night in a friend's house**, na Inglaterra **they have film night in a friend's house** (ver um filme na casa de um amigo). Ou se preferir ir ao cinema, a palavra no britânico é parecida com o português: **you go to the cinema,**

BACKPACKER'S ADVENTURE

enquanto no norte-americano, **you go to the movies**. Se você for para a faculdade nos Estados Unidos, you **go to College**, ou **You're a University Student**. Se você for para a faculdade na Inglaterra, **you are at Uni**. O campus universitário no inglês norte-americano se chama **campus**, mas, na Inglaterra, você vai para a facul, **you go to Uni**

No inglês norte-americano os estudantes **study for their exams** no britânico, **they revise**.

Se você for deitar um pouco, no norte-americano **you take a nap**, no britânico, **you have a lie down**.

O ponto final no norte-americano se chama **period**, no britânico ele é chamado de **full stop**.

O que os Norte-americanos chamam de **highway**, os Ingleses chamam de dual **carriageway**. O interessante é que não importa quantas pistas tenha a via expressa, ela sempre será chamada de **dual carriageway**. As avenidas são **avenues** nos Estados Unidos, mas são chamadas de single **carriageways** na Inglaterra.

Quando uma via está sendo re asfaltada, nos Estados Unidos se diz que estão **resurfacing the road work**, ou há **road construction**, enquanto na Inglaterra o trabalho na via é chamado de **carriageway construction**.

Se você for ultrapassar algum veículo nos Estados Unidos, you **overtake it**, mas se for fazer a mesma coisa na Inglaterra, **you pass another vehicle**.

Uma circulatória no tráfico se chama a **traffic circle** nos Estados Unidos e **Roundabout** na Inglaterra. Nos Estados Unidos você dá passagem a outro veículo no **Yield sign**, enquanto na Inglaterra você dá passagem no **give away sign**.

DICIONÁRIO DE TERMOS E FRASES EM INGLÊS IRLANDÊS

INGLÊS IRLANDÊS	INGLÊS	PORTUGUÊS
A		
A few bob," or "the few bob	**Pounds**	Libras. A expressão hoje é também usada para significar Euros
And (me [etc.] [doing something]) It was half-four and me coming out of there..."..	**It was four thirty when I left**	Eram quatro e meia quando sai de lá...:
And the rest	**You can say that again**	Concordo
Anything strange? Usually pronounced "ent'n strange?"	**What's new?**	Alguma novidade?
Aren't I?	**Am I not?**	Não sou?
At nothin'	**Wasting your time, effort, etc**	Nada não. Deixa para lá.
B		
banjaxed	**broken down**	quebrado
To be after eg: I'm after getting a new job	**I got a new job.**	Consegui um novo emprego
beat the head off ya	**beat /defeated**	derrotado
black	**crowded**	lotado
Bold	**Poorly-behaved**	mal comportado

BACKPACKER'S ADVENTURE

INGLÊS IRLANDÊS	INGLÊS	PORTUGUÊS
Bob's your uncle	You've got it made	Já vem pronto para você/ "de bandeja
'Bye. 'Bye. 'Bye. 'Bye. 'Bye.	Telephone sendoff.	Repetem bye várias vezes ao se despedir ao telefone
Bucketin'	It's raining dogs and cats	"Está chovendo pra burro"
Buckled	Drunk/ pissed	Bêbado/ "puto" no britânico
Butter wouldn't melt in his mouth	He acts as if he were an angel	Ele age como se fosse um santo
C		
C'mere 'til I tell ya	Listen to this	Escuta só
Can I help you? "Y'alright, lads, please" means it's time to clear out	Are y'alright? Time to go	Tudo bem? PS: se você estiver num pub com amigos até tarde pode significar "vamos embora"
Caught red-handed	Caught rotten	"Pego com a boca na botija"
Caught lovely	caught rotten, but from the opposite perspective	Ser pego com a namorada/ o namorado
close	Humid	Tempo úmido
Culchie	Country person	Caipira
D		
Dear	Expensive	Caro
Digout	Helping hand	Alguém que dá uma "mãozinha"
Dinner	Lunch	O jantar se diz "almoço"
Does be	Is	Para enfatizar o verbo to Be
Donkey's years	A long time	"Um tempão"
Don't work too hard	Have a good day	Tenha um bom dia/ bom trabalho
Doss	Goof off	"Folgado" (especialmente no trabalho)

CINTIA CAVALCANTI DA COSTA

INGLÊS IRLANDÊS	INGLÊS	PORTUGUÊS
E		
Excellent, first-class	Brilliant Not necessarily "bright" or "intelligent	O primeiro da turma, mas não significa necessariamente inteligente
F		
Fair play/ fair f*cks to ya	Well done/way to go	Muito bom/ assim mesmo
Feck	Fu*k	F- (aceito em situações informais)
Flagon	2-litre plastic bottle of drink	Garrafa plástica de dois litros
Footpath	Pavement / Sidewalk	Calçada
G		
Gaff	Flat, apartment, house	Apartamento/ casa
Gammy	Useless/ shitty	Sem uso/ porcaria
Garda/ gardai (formally/plural.)	Policeman/ member Garda	Policial
Giving out	Complaining, asserting opinion or emotion	Reclamar em voz alta
Good ski	Good person	"Gente boa"
Go 'way You don't say	Get out	Não me diga!
Greedy	Hungry	Com fome
H		
Half-nut'n' (half-nothing	Very cheap/ a bargain	Muito barato
Have it on me toes	Go away/leave	Vai embora!
Head on [him or her.	A person's demeanor, visible from a distance	Mal comportamento de uma pessoa, visto de longe
Hole in the wall/ drink link	ATM	Caixa automático

BACKPACKER'S ADVENTURE

INGLÊS IRLANDÊS	INGLÊS	PORTUGUÊS
Homely Homey, cozy	Homely In American english, "homely" means "ugly," or near enough to it.	US significa feio; Irlanda significa agradável
How's the form	How's it going? Are y' well	Tudo bem? Belê?
I		
Ill-behaved	Ignorant	Ignorante/ mal-educado
J		
Jar	Pint of beer	Caneco de cerveja
J Loo,slang) toilet	J Loo, toilet (European;) bathroom, restroom (American.) acks, bog, trap	Banheiro
K		
Kip	1) n. and v. Sleep. 2) n. A dive; shabby place. (v) dormir	(s) "soneca"/ dar um mergulho/ barraco
L		
Langered/ Rat-arsed	Drunken	Bebado
Leave it with me	I'll look into it, or take care of it	"Deixa comigo"
Like a blue-arsed fly	Running around the clock...	Extremamente ocupado
M		
Made a dog's dinner of it	Loused it up	Estragou tudo
Made a show of (somebody or oneself)	Made a fool of (somebody or oneself	"Deu show"
Message	Errand	Tarefa corriqueira
Messin'	Kidding	"Zuando"
Muppet	Dumbass	Burro

CINTIA CAVALCANTI DA COSTA

INGLÊS IRLANDÊS	INGLÊS	PORTUGUÊS
N		
Not up to much Not worth much	Not worth much	Não vale muito a pena
O		
Oh, you're grand	You're doing fine	Você está indo bem
On me tot	On my own	Soziho/ sem ninguém
Only It's only delicious	Absolutely	É absolutamente delicioso
P		
Press	Cupboard/closet	Armário
Put a hole in it.	Finish your drink	Acabe logo de beber isso
Q		
Quare aul'	Weird/strange	Esquisito/ estranho
R		
Rabbit on	Talk without concision	Falar besteira
Rag order Bad condition	Bad conditions	Em más condições
Slew	Rake	Um monte/ uma pilha
Relations	Relatives	Parentes
Rob	Steal	Roubar um carro Nos USA "steal a car", na Irlanda "rob a car" – Rob (USA) significa assaltar
S		
Sambo	Sandwich/sub	Sanduíche
See you after	See you later	Até mais tarde/ tchau
I shifted her in the club	I made out with her in the club	Dei uns amassos nela na balada
Short of liquor	Shot of liquor	Uma dose de bebida
A shower of	A large number of	Um monte de
Sing it	You got that right	Acertou

BACKPACKER'S ADVENTURE

INGLÊS IRLANDÊS	INGLÊS	PORTUGUÊS
Skinned/ skint	Broke/ no money	Liso/ sem dinheiro
Sláinte Cheers	Cheers (over a drink)	Saúde (brindando)
A start: Any chance of a start?	Job	Emprego/ Alguma chance de emprego?
T		
Tasty	A job done properly	Trabalho benfeito
The day that was in it	In the conditions of that day	Naquela época/ naqueles dias
The Local-One's usual pub	One's usual pub	O barzinho que você está acostumado a ir/ "no de sempre"
Thick	Argumentative, obstinate	Obstinado/ chato
Through money for a shortcut	Money flies	Dinheiro voa
Turfed out	To be asked to leave (from a party etc	Ser retirado de uma festa etc.
Twig (from Gaelic Irish)	Grasp, realize	"Sacar"/ perceber
U		
Us (Give US a bell)	Me	Me dá uma ligada
W		
Wagon	Disagreeable woman	Mulher chata
Wear something off somebody	Hit somebody with something	Bater em alguém com alguma coisa
Well? (southwest also to answer the telephone)	Hello?- General greeting	Olá – cumprimento geral
Wouldn't do any harm	Might be a good idea	Não seria uma má ideia
Work away	Go ahead	Vai em frente
What's the craic?- Any craic / It was good craic	What's up? / How's it going?It was a good time	E aí? Belê?/ Foi legal

INGLÊS IRLANDÊS	INGLÊS	PORTUGUÊS
Y		
Y'all/you guys/them	the lads — non-gender, non-age specific	"Pessoal"
"You have some nerve"	You have some neck	"Cara de pau"
You know how that is	You know that kind of way	"Sabe como é que é"
You know y'rself	A polite way to make a statement	Você mesmo sabe que...
Your)best man	Your best opition	Sua melhor opção
Your one	That person, female	Aquela pessoa (referindo-se a alguém que você conhece)
Your man Male-	That persono-male	Aquela pessoa (referindo-se a alguém que você conhece)
Yr auld lad and yr aul one	Your dad and Mom	Seu pai e sua mãe
Young woman/girls	Young one	Jovenzinha
Youse	You (plural)	Vocês (usado principalmente em Dublin)
Z		
Zonks/"donkeys"	Ages/ years	Há séculos/ "um tempão"
6 bells	Time of the day/ six O'clock	Hora do dia/ seis horas

ALGUMAS DIFERENÇAS GRAMATICAIS DO INGLÊS IRLANDÊS:

Os irlandeses usam **either**, no lugar de **also**, que significa também

US/UK: You could do that, **either**

Você poderia fazer isso também

Numa sentença condicional **if** pode ser omitido, e a ordem da sentença é alterada
Us/Uk: I was wondering if you could...
I was wondering could I...
Estava pensando se....

JUST é usado no final das sentenças para expressar ênfase
EX.: Nice party, isn't it **just**?
Bela festa, não acha?

SHOULD × RIGHT TO

O irlandês substitui o verbo anômalo **Should** por **(you've had) right to**, que significa você deveria...
US/UK: You should have...
You've had right to...
Voce deveria ter...

SO × THAT

Os irlandeses usam **that** em lugar de **so**, que significa tão
US/UK: The blouse was **so** small, that I had to go back to the store to change it.
The blouse **was** that small, I had to go back to the store to change it

Os irlandeses, muitas vezes, omitem o infinitive **to** que antecede os verbos
US/UK: I'll try **to** do that for you
I'll try do that for you
Vou tentar fazer isso para você

No inglês irlandês usa-se **was/were** para expressar o condicional **would have been**

US/UK: One more step and you **would have been** disclassified

One more step and you **were** disclassified

Mais um passo e você teria sido desclassificado.

WEREN'T × WEREN'TNT

O uso de **Weren'tn't** no lugar de **Weren't** também é comum no inglês irlandês.

US/UK: They **weren't** wrong

They **Weren'tn't** wrong

Eles não estavam errados

HOW × WHAT WAY

What way é usado no lugar de **how** para significar como, de que maneira

US/UK: I'd like to know **how** this is going to turn out

I'd like to know **what way** this is going to turn out

Gostaria de saber como isso vai acabar

SHALL × WILL

Enquanto, formalmente, nos Estados Unidos e no Reino Unido a forma **Shall** é usada para fazer um pedido com as pessoas I e We, no inglês irlandês, mantém-se o auxiliar de futuro **Will**

US/UK: **Shall** we go?

Will we go?

Vamos?

WOULD NEED × WOULD WANT

No inglês falado na Irlanda, eles dizem **would want** ao invés de **would need** para significar precisaria.

US/UK: I'd get your job, sure, but I'**d need** to take an English course.

I'd get your job, sure. I'**d want** an English course.

Eu ficaria com seu emprego, claro. Mas precisaria de um curso de inglês.

O Plural de YOU para os irlandeses

Enquanto os norte-americanos preferem dizer **you guys**, **you all or you folks** para dizer vocês, os irlandeses usam **ye**, ou também **youse** (abreviando para yz ou yiz).

YOU'D BETTER × YOU'D WANTA

Os irlandeses dizem **you'd want** no lugar de **you'd better** para dar um conselho, significa é melhor que...

US/UK: You'**d better** study for the test

You'**d want** study for the test

É melhor/seria bom você estudar para o teste

YOU MAY × YOU'D BEST

Os irlandeses preferem dizer **you'd best** ao invés de **you may** para expressar talvez você deveria...

US/UK: **You may** want to go home and take care of this headache

You'd best go home and take care of this headache

Talvez você devesse ir para casa e cuidar dessa dor de cabeça

DICIONÁRIO DE INGLÊS ESCOCÊS (SCOTTICISM)

O inglês escocês difere bastante do inglês norte-americano e do britânico.

INGLÊS ESCOCÊS	INGLÊS	PORTUGUÊS
A		
Afore	Before	Antes
Aft	Often	Frequentemente
Ain	Own	Próprio
Amang	Among	Entre (prep.)
An'	And	E
An aw	As well	Também
Anither	Another	Um outro
Auld	Old	Velho
Aw	All	Tudo/ todos
Awa	Away	Distante
Ay	Yes	Sim
Aye	Always	Sempre
B		
Bairn	Child	Criança/ Filho(a)
Belang	Belong	Pertencer
Ben	Mountain	Montanha
Bide/byde	Stay	Ficar
Bodie	Person	Pessoa
Bonnie	Beautiful	Bonito
Brae	Hill	Colina
Braw	Fine	Ótimo/ esplêndido
Bricht	Bright	Brilhante
Brither	Brother	Irmão
C		
Caller	Fresh	Fresco (comida)/ refrescante

BACKPACKER'S ADVENTURE

INGLÊS ESCOCÊS	INGLÊS	PORTUGUÊS
Cannie	Careful	Cuidadoso
Cauf	Calf	Bezerro
Cauld	Cold	Frio
close	Courtyard/entry	Entrada/ varanda
Coo	Cow	Vaca
Croft	Hilside/farm	Encosta de montanha/ fazenda
Couthie	Friendly	Pessoa amiga
cuik	Cook	Cozinhar
D		
Dinna	Do not	Não
Dochter	Daughter	Filha
Doon/doun	Down	Amanhecer
Dyke	Wall	Parede/ muro
E		
Efternuin	Afternoon	Tarde
F		
Faither	Father	Pai
Fash	Inconvenience	Inconveniência
Fash yersel	To worry	Algo a se preocupar
Faut	Fault	Erro/ falta
Fess	Bring	Ir pegar/ trazer
Forbye	Also/ too	Também
Forenicht	Early evening	À tardinha
Forenoon	Late morning	No final da manhã
Fou	Full	Cheio/completo
Fowk	Folks/family	Pessoal/ família
Frae	From	De (prep.)
Fur	For	Por (prep.)
G		
Gab	Talk	Conversa
Gane	Gone	Ido/ se foi
Gang	Go	Ir

225

INGLÊS ESCOCÊS	INGLÊS	PORTUGUÊS
Gie	Give	Dar
Glaikit	Foolish	Bobeira
Gomeral/ gowk	Fool	Tolo
Gret	Great	Ótimo
Guid	Good	Bom
Guidman	Husband	Marido
Guidwife	Wife	Esposa
H		
Hae	Have	Ter
Havers	Nonsense	Bobagem
Hied	Head	Cabeça
K		
Ken	Know	Saber/conhecer
Kimmer	Young girl	Garotinha/mocinha
Kirk	Church	Igreja
kye/kyne	Cattle/cowns	Gado/vacas
L		
Lad	Boy/laddie	Rapazinho
Lang	Long	Longo/ comprido
Lass,	Girl	Garota/ menina
Lave	Leave	Sair/ deixar
M		
Mair	More	Mais
Maist	Most	Maioria/ mais
Man/mon	Husband/man	Marido/ homem
Maun	Must	Necessário
Micht	Might	Poderia
Mickle small quantity	Small quantity	poucos
Mind	Remember	Lembrar
Mither	Mother	Mãe
Monie	Many	Muitos
Morn	Morning	Manhã

BACKPACKER'S ADVENTURE

INGLÊS ESCOCÊS	INGLÊS	PORTUGUÊS
Muckle	Great/big/large/much	Grande/ muito
N		
Nae	No/ not	Não
Naethin'	Nothing	Nada
Nicht	Night	Noite
Nou	Now	Agora
O		
O'	Of	De (prep.)
Onie any	Any	Qualquer
Oniebodie	Anybody/ anyone	Alguém/ qualquer pessoa
Oor	Our	Nosso
Oot	Out	Fora
Ower	Over	Além/ sob
Owe	Too much	Além do necessário/ demais
P		
Puir poor	Poor	Pobre
Q		
Quair book	Book	Livro
R		
richt right	Right	Certo/ correto
richt nou/awa	Right away	Imediatamente
S		
Sae	So	Então
Sassenach	English Person	Pessoa inglesa
Sporran	Leather/purse	Couro/ bolsa
Stramash uproar,	disturbance	Distúrbio
Suin	Soon	Logo/ breve
Syne	Since/then/ago	Desde/ lá atrás/ então

227

INGLÊS ESCOCÊS	INGLÊS	PORTUGUÊS
	T	
Tae	To	Para (prep.)
Tak'	Take	Tomar/ pegar
The day	Today	Hoje
the morn/morra t	Tomorrow	Amanhã
the nou	Just now	Agora mesmo
thegither	Together	Juntos
Thrang	Busy	Ocupado
	V	
Vennel	Lane between buildings/alley	Ela entre prédios
Verra	Very	Muito (intensidade)
	W	
Wark	Work	Trabalho
Warld	World	Mundo
Watter	Water/river	Água/ rio
Wean	Child	Criança
Wee	Little/small	Pequeno
Wee bit	A little	Um pouco
Wheen	A few	Poucos
Wheesht	Shut up	Cale-se
Wi' with	With	Com
Wirds	Words	Palavras
wumman	Wife/woman	Esposa/ mulher
wynd	Narrow street	Viela
	Y	
ye	You	Você
yersels	Yourself	Você mesmo

BACKPACKER'S ADVENTURE

ALGUMAS EXPRESSÕES DO INGLÊS ESCOCÊS

ESCOCÊS	US/UK	PORTUGUÊS
What age are you?	How old are you?	Quantos anos você tem?
How are you keeping?	How are you?	Como vai?
I doubt he's not coming	I expect he isn't coming.	Duvido que ele não venha
Away to your bed	Go to bed	Vá para a cama
I've got the cold	I've got a cold	Peguei um resfriado
It's for your Christmas	It's your Christmas present	É seu presente de Natal
I gave him a row	I scolded him	Dei uma bronca nele
He gave me a fright	He frightened me	Ele me assustou
I'm finished it	I'm finished	Terminei
I'll get you home	I'll take you home	Te deixo em casa
Cheerio just now	Goodbye for now!	Tchau por enquanto
To go the messages	To go shopping	Ir às compras
The back of nine.	Just after nine (o' clock).	Logo depois das nove (horas)

DIFERENÇAS GRAMATICAIS DO INGLÊS ESCOCÊS

No inglês escocês, é mais frequente o uso de gerúndio. Por exemplo, os verbos Want, Need, think, mean etc. não são usados no gerúndio no inglês-padrão, mas fazem parte da linguagem cotidiana no escocês.

US/UK: I'd **like** a drink
I'm **wanting** a drink
Gostaria de algo para beber

229

Us/UK: My car **needs** to be washed
My car is **needing** washing
Preciso lavar meu carro

US/UK He **thought** he would get more pay
He was **thinking** he'd get more pay
Ele achou que lhe pagariam mais

US/UK: They **meant** to come
They were **meaning** to come
Eles tinham a intenção de vir

Os verbos anomalos **Shall** e **ought** to não são usados em linguagem coloquial, e na Escócia, usa-se **wanting** no lugar deles

Ex: I'm **wanting** to go
Eu irei

O futuro progressivo também é usado de forma diferente, pois indica suposição
Ex: You'll be **coming** from work
Você está chegando do trabalho

Preposições off-of juntas

As preposições **off** e **of** são comumente usadas juntas.
Ex. "Take that **off of** the table
Tire aquilo de cima da mesa

AMN'T × AM I NOT

No inglês escocês a interrogativa **Am I not** pode ser abreviada

BACKPACKER'S ADVENTURE

US/UK: **Am I not** invited ?
       Amn't I invited?
       Não fui convidado?

A voz passiva é muito usada, especialmente com
o verbo **get**

Ex: I **got** told off for speaking my mind
    Fui recriminado por expressar minhas ideias

Uma outra diferença é o uso de not, ao invés de usar
a forma contraída n't

US/UK: She **won't** agree
       She **will not** agree
       Ela não concordara

US/UK: **Isn't** he in town?
       Is he **not** in town?
       Ele não está na cidade?

Às vezes a forma contraída de not é usada, mas numa
dupla negação.
Ex: He **isn't** still **not** working. Nobody would dream
    of not coming.

Anybody, **everybody**, **nobody** e **somebody** são usados
ao invés de anyone, everyone, no one, someone.
Ex.: Have you seen **anbody** from school?

DICIONÁRIO DE TERMOS E EXPRESSÕES DO INGLÊS AUSTRALIANO

INGLÊS AUSTRALIANO	INGLÊS	PORTUGUÊS
A		
Aarvo	Afternoon	Tarde
Amber fluid/coldie	Beer	Cerveja
Ankle biter	Todler/small kid	Criança pequena
Aussie	Australian	Australiano
Away with the pixies	Day dreaming	"Em outro mundo"
B		
B..Y.O.	Bring Your Own (wine/beer)	Traga sua própria bebida
Back o'Bourke	no man's land	"Terra de ninguém"
Banana bender	One who lives in Queensland	Aquele que mora em Queensland
Banger	Sausage	Linguiça/ salsicha
Barbie	Barbecue	Churrasco
Beaut/ bewdy/ grouse	Great	Ótimo
Beg yours?	Beg your pardon?	Pode repetir?
Berko	Crazy or very angry	Louco/ "puto"
Bingle	Dent	Amassado no carro
Bite your bum	Get out/shut up	"Fica na sua"/ "Se manda"
Bloke	Guy	"Cara"
Bludger	One who does not contribute/ "freeloader"	Quem não contribui/ "sanguessuga"
Bludger	Red-haired	Ruivo
Bob's your uncle	It's all right	Está tudo bem
Bogan	Tacky	Brega
Bonnet	the hood of a car	Capô do carro
Boofhead	A foolish person	Um bobo

BACKPACKER'S ADVENTURE

INGLÊS AUSTRALIANO	INGLÊS	PORTUGUÊS
booze bus	Police with breath analyzer	Blitz com bafômetro
Brekkie	Breakfast	Café da manhã
C		
Change like a wounded bull	Extremely pricy	Muito caro
cheap drunk/ two-pot screamer	One with low tolerance for alcohol	Pessoa que tem pouca tolerância para beber álcool
Chips	Fries	Fritas
Chockie	Chocolate	Chocolate
chook	Chicken	Frango/ galinha
Click	Kilometer	Quilômetro
Cluely	Smart	Esperto/ inteligente
Cobber	Friend	Amigo
Crap-on	Long chat	Longo papo
Crisps	Potato chips	Batata chip
Crook	Sick	Doente
Cuppa	A cup of	Uma xícara de
Cut lunch/ sanger	Sandwich	Sanduíche
D		
Dag	Tacky person	Pessoa brega
Daks	Trousers	Calças
Dead horse	Ketchup	Catchup
Dill	Stupid	Burro (adj.)
Dinkum	Honest/trustworth person	Pessoa confiável/ honesta
Dole	Welfare	Seguro desemprego
Drop kick	Loser	Fracassado
Dunny	Restrooms	Banheiro
E		
Ear basher	Someone who talks more than one should	Quem fala demais/ fofoqueiro
Esky	Insulated box	Caixa de isopor

233

INGLÊS AUSTRALIANO	INGLÊS	PORTUGUÊS
Every bastard and his dog	Everyone	Todo mundo
F		
Fair dinkum	"The real mac coy"	Real /verdadeiro
Full on	Intense	Intenso
Furphy	Rumor/gossip	Rumor/ fofoca
G		
Galah	Fool	Tolo
Garbo	Garbage collector	Lixeiro
Go down the gurgler	Go out of business, bankrupt	"Quebrar"/ perder o negócio
Gob	Mouth	Boca
Good-oh!	Wow!	Uau!
Goog	Egg	Ovo
Grog	Buze/alcohol	Bebida alcoólica
H		
Happy as a bastard on father's day	Unhappy, depressed	Triste/ depressivo
Hoon	A loud, obnoxious person	"Bronco"/ pessoa mal-educada/ que fala alto
I		
I'll be blowed	"Oh, my goodness"	"Nossa!"/ expressão de surpresa
in good luck	In good shape	Está ótimo/ bem
In the family way	Expecting	Grávida
J		
Jiggered	Broken	Quebrado
Joey	Baby kangaroo	Canguru bebê
K		
kangaroos in the top paddock	Mad/crazy	Louco/ insano
Kiwi	New Zeland	Nova Zelândia

BACKPACKER'S ADVENTURE

INGLÊS AUSTRALIANO	INGLÊS	PORTUGUÊS
L		
Lamington	Dessert made of coconut and chocolate	Sobremesa feita de coco e chocolate
Like the clappers	Fast	Rápido
Loo	Restroom	Banheiro
M		
Macca's	Mac Donald	Mac Donald
Mad as a two bob watch	Nuts/mad	Louco
Make a quid	Earn a living	Ganhar a vida
Milk bar	Convenience store	Loja de conveniência
Mozzies	Mosquitoes	Mosquitos
N		
Nick off	Leave	Sair/ ir embora
Nicked	Stolen	Roubado
Ning nong	Idiot	Idiota
No flies on	You can't fool	Não pode fazer de bobo
O		
Ocker	Uneducated Australiano	Australiano sem estudos
On a good wicket	To have a good job /position	Ter um bom emprego
on ya!	C'mon!	Vamos lá!
Outback	Australian bush	Um arbusto australiano
Oz	Australia	Austrália
P		
Panic merchant	One who panics easliy	Quem entra em pânico facilmente
Piker	One who doesn't keep one's promises	Quem não tem palavra
Pissed	Durnk	Bêbado

235

INGLÊS AUSTRALIANO	INGLÊS	PORTUGUÊS
Polly	Politicians	Políticos
Pot	A glass of beer	Um copo de cerveja
Q		
Quid	Money	Dinheiro
Quince	Annoy	Perturbar
R		
Ratshit	Lousy	Algo ruim
Reckon	Think	Pensar/ achar
Rego	Registration	Registro
Ripper	Terrific/great	Maravilhoso
Roo	Kangoroo	Canguru
Rough end of the stick	Unfair deal	Negócio injusto
S		
She'll be apples	It'll be OK	Vai ficar tudo bem
Shout	To buy a round of drinks	Comprar uma "rodada" de bebidas
Sickie	A day off for any reason	Tirar o dia de folga
Slab	Case of beer	Engradado de cerveja
Smoke	Tea break	Fazer um intervalo
Spit the dummy	To lose one's temper	"Perder as estribeiras"
Spitting chips	Extremely angry	"Puto"
Spunk/spunky	Good looking	Bonito (pessoa)
Squiz	Glance	Dar uma olhada
Stickybeak	Curious/nosey	Xereta
Strine	Australian language	Língua australiana
Stubby	A small bottle of beer	Garrafinha de cerveja
Sunbake	Sunbathe	Tomar sol
Suss	Suspicious	Suspeito

BACKPACKER'S ADVENTURE

INGLÊS AUSTRALIANO	INGLÊS	PORTUGUÊS
T		
Ta	Thank you	Obrigado
Tea	Dinner	Jantar
Tinnier	Can of beer	Lata de cerveja
Tucker	Food	Comida
U		
Undies	Underwear	Roupa de baixo
Uni	University	Universidade
V		
Vegemite	yeast extract spread	Patê
vegies	Vegetables	Vegetais/ legumes
W		
Wanker	Funny/crazy person/one who has a high opinion on oneself	Pessoa engraçada. Meio louca/ alguém que "se acha"
Waffle on	To talk a lot without making sense	Falar sem parar e sem fazer sentido
wouldn't it rot in your socks!	Expression of disappointment	Expressão que demonstra desapontamento
Y		
Yonks	A long time/ages	"Há séculos"
Z		
Zonked	Extremely tired	Exausto/cansado

DICIONÁRIO DE AFRICANEIRISMOS

Palavras e expressões influenciadas por africanos, pessoas que falam alguma língua africana como primeira língua, mas que também falam inglês como segunda língua, ou pessoas que moram em áreas onde as duas línguas são faladas.

PS › alguns termos são também emprestados dos indianos.

AFRICANEIRISMOS	INGLÊS	PORTUGUÊS
A		
Ag man!	Oh man!	Oh cara!
Aweh!	An expression of excitement/hello/goodbye/yes	Uma expressão de alegria/ também pode ser usado como: Olá/ tchau/ sim
B		
Baas	Boss	Chefe
Babbelas	Hangover	Ressaca
Bakgat	Cool/very well	Legal
Bakkie	Pick up truck	Pick up
Bakvissie!	A giggly teenage girl	Menina adolescente que ri fácil
Befok!	Really good	Demais! Sinistro!
Bek	Shut up	Cale a boca
Bergie	Mountain	Montanha
Bill	Used to ask for a check	Cheque
Biltong	Jerky	Carne seca
Bliksem	Strike/punch	Bater/ dar um soco
Bioscope, bio	Movie theater/ cinema	Cinema
Blou	Tired/stoned	Cansado/ drogado
Boer	Farmer	Fazendeiro africano
Boerewors	Spicy sausage	Linguiça temperada

BACKPACKER'S ADVENTURE

AFRICANEIRISMOS	INGLÊS	PORTUGUÊS
Boet	Male friend/dude	Amigo/ colega
Bokkie	Weetheart/honey	Querido(a)/ namorado(a)
Bossies/ bosbefok	Whacko/ mad	Louco
Bot	Boring	Chato/ desinteressante
Bru	Male friend/dude	Amigo/ colega
Button	Tablet	Tablete
Braai – a barbecue	To barbecue	Fazer churrasco
C		
China/ chine(howzit china)	A friend(a greeting)	Um amigo (cumprimento a um amigo)
D		
Dik bek	Grumpy, in a huff	Bravo/ de mau humor
Domkop/ Doos	Idiot/asshole	Idiota
Donner	To beat up	Bater em alguém
Dof	Stupid	Burro
Dop	Alcohol/drink alcohol/ To fail	Bebida alcoólica/ beber/ fracassar
Dorpie	Small town	Cidadezinha
Doss, dossing	Sleep, nap, taking life easy	Dormir, "lever a vida na boa"
Dronkie/ gesuip	Drunkard/ very drunk	Bêbado
Druk	To hug	Abraçar
E		
Eina!	Ouch!	Ai!
Ek sê	I say	E digo/ quero dizer
F		
Floue	Weak not funny joke	Piada sem graça
Fundi	Expert/teacher	Especialista/ professor
G		
Gatvol	Fed up/ enough!	"Estou cheio!"
Goof, goef	Swim/dive	Nadar/ mergulhar
H		
Haw!	Expression of disbelief	Não acredito!

239

AFRICANEIRISMOS	INGLÊS	PORTUGUÊS
Hoesit, hoezit, howzit	How's it going? How are you?	Tudo bem?
I		
Inyanga	Herbalist/healer	Curandeiro/ médico omeopata
J		
Ja	Ya/yes	Sim
Jislaaik!	Wow!	Uau!
Jol	To party/have fun	Curtir/ diverter-se
K		
Kkêrels	Police	Polícia
Kiff, kif, kief	Poisonous, wicked, cool, neat, great, wonderful	Venenoso/ mal/ legal/ bom/ ótimo
Kkwaai	Cool/excellent	Legal/ excelente
L		
Lag	To laugh	Rir
Laaitie, lighty	Young person	Jovem
Lank	Lots/alot	Muitos
M		
Maat	Mate/friend	Amigo
Mal	Mad	Louco
Mallie	Mother	Mãe
Mamparra	Stupid/silly	Burro/ bobo
Meid	Maid	Empregada
Muggie	Bug	Inseto
Moerse	Big/awesome	Grande/ impressionante
Multi	Medicine	Remédio
Mzansi	South Africa	África do Sul
N		
N.A.A.F.I.	Acronym for: "No Ambition and Fuck-all Interest	"Que se dane"
Nê?	Do you know what I mean?, oh really?	Sabe o que quero dizer?/ mesmo?
Nooit	Never/no way	Nunca/ de jeito nenhum
O		
Oom	An older man of authority	Senhor/ autoridade

BACKPACKER'S ADVENTURE

AFRICANEIRISMOS	INGLÊS	PORTUGUÊS
Ou (plural ouens)	Man/guy	Homem/ "cara"
Ou ballie	Old man	Senhor mais velho
P		
Plaas	Farm	Fazenda
Plank	Term used by English-speaking people to refer to Afrikaners wth strong accent	Termo usado pelos que falam inglês, se referindo a africanos com muito sotaque
Platteland	Rural area	Área rural
S		
Sangoma	Traditional healer	Curandeiro tradicional
Sat	Dead	Morto
Skinner, skinder	Gossip	Fofoca
Skrik	Fright	Susto
Smaak	To like someone/ something	Gostar de alguém/ algo
Smaak stukkend	To be very fond/ love	Gostar muito/ amar
Soek	To look for trouble	Procurar problema
Sommer	Just/because/for some reason	Porque/ por alguma razão
Stukkie, stekkie	Woman	Mulher
Stoep	Porch/varanda	Varanda/ entrada
T		
Tannie	An older female authority figure	Autoridade/ mulher mais velha
Toppie/Ballie	Father	Pai
Trek	Move/pull	Mover/ empurrar
U		
Ubuntu	Cmpassion/ kindness	Compaixão/ bondade
Y		
Yebo	Yes	Sim
V		
Voetsek/voertsek	Get lost	Suma da minha frente
W		
wena	Zulu meaning "you".	Você

CINTIA CAVALCANTI DA COSTA

INDIAN ENGLISH TERMS AND EXPRESSIONS

INGLÊS INDIANO	INGLÊS	PORTUGUÊS
B		
B.A. – fail	Someone who didn't pass finals, but was admitted to college (used in matrimonial ads)	Alguém que não passou nos exames finais, mas frequentou faculdade (usado em anúncios de casamento)
B.A. – pass	Somene who passed the finals and graduated from college	Alguém que passou nos exames e se formou na faculdade
C		
Convented	A girl educated in a Christian boarding school	Menina educada em escola interna católica
D		
Dearness Allowance	Payment given to employees to compensate for the effects of inflation.	Pagamento dado a empregados como forma de compensação por perdas por causa da inflação
F		
First-class	High quality material. It can describe food, drink and people	De boa qualidade/ ótimo. (Pode descever comida, bebidas e pessoas)
G		
Go for a toss	To end unexpectdly	"Ir por água abaixo"
Gone for a six	Meaning something got ruined	Alguma coisa deu errado

BACKPACKER'S ADVENTURE

INGLÊS INDIANO	INGLÊS	PORTUGUÊS
I		
I don't take meat/ milk/ whatever	'I don't eat meat/ drink milk' etc	Eu não como carne/ não bebo leite, nem nada (da vaca)
I got a firing/I was fired by him	I got yelled at by him	Gritaram comigo
I will make a move now	I'm leaving	Estou saindo/ indo embora
I won't give him a single pie	I won't give him a single cent	Não vou dar a ele um único centavo
J		
Join duty	Reporting to work for the first time	Primeiro dia de trabalho
O		
On the anvil	is used often in the Indian press to mean something is about to appear or happen	Está para acontecer (relacionado a notícias)
Order for food	instead of "order food"	Pedir comida (restaurante)
Out of station	Out of town	Fora da cidade
P		
Pass out	To graduate	Terminar a faculdade/ graduar-se
R		
Rejoin duty	To come back to work after a vacation	Voltar ao trabalho depois das férias
Re dressal	means of providing solutions to problems	Dar um jeito de arrumar uma solução para o problema
S		
She is innocently divorced or divorced (innocent)-	part of matrimonial advertising terminology, it means the marriage was not consummated	Terminologia matrimonial que significa que o casamento não foi consumado

243

INGLÊS INDIANO	INGLÊS	PORTUGUÊS
Shift	To move	Mudar (de casa, lugar)
T		
Tell me	used when answering the phone, meaning "How can I help you?"	Usado quando atende uma ligação
Timepass	Passtime/ 'doing something for leisure	Passatempo
W		
What is your good name?	What is your full name	Qual seu nome completo?
Wheatish complexion	Seen in matrimonial ads. Means 'not dark skinned, tending toward light'	Termo visto em anúncios de casamento, significa que a pessoa tem a pele mais clara
Where are you put up?	Where do you live?.	Onde você mora?
Where do you stay?	Where do you live?/Where's your house?	Onde fica a tua casa?/ Onde você mora?